新时代高等职业教育精品教材

体育与健康

TIYU YU JIANKANG

主　编　李新秀　伍凌君
副主编　何　娟　唐炜平　李锦梅　全爱清
编　委　蒋凌云　彭朝驿　伍斌鹏　王理君
　　　　唐　凯　彭律成　潘雨特　黄生军
　　　　胡张玭　蒋沁璋

西安交通大学出版社

图书在版编目(CIP)数据

体育与健康 / 李新秀,伍凌君主编. —西安:西安交通大学出版社,2023.8
新时代高等职业教育精品教材
ISBN 978-7-5693-3405-0

Ⅰ.①体… Ⅱ.①李… ②伍… Ⅲ.①体育—高等学校—教材 ②大学生—健康教育—教材 Ⅳ.①G807.4 ②G647.9

中国国家版本馆 CIP 数据核字(2023)第 157171 号

TIYU YU JIANKANG

书　　名	体育与健康
主　　编	李新秀　伍凌君
项目策划	李　晶
责任编辑	李　晶
责任校对	秦金霞

出版发行　西安交通大学出版社
　　　　　（西安市兴庆南路1号　邮政编码710048）
网　　址　http://www.xjtupress.com
电　　话　(029)82668357　82667874(市场营销中心)
　　　　　(029)82668315(总编办)
传　　真　(029)82668280
印　　刷　陕西龙山海天艺术印务有限公司

开　　本　787mm×1092mm　1/16　印张　13　字数　327千字
版次印次　2023年8月第1版　2023年8月第1次印刷
书　　号　ISBN 978-7-5693-3405-0
定　　价　48.50元

如发现印装质量问题,请与本社市场营销中心联系。
订购热线:(029)82665248　(029)82667874
投稿热线:(029)82668803　(029)82668805

版权所有　侵权必究

前　言

党的二十大报告指出:"广泛开展全民健身活动,加强青少年体育工作,促进群众体育和竞技体育全面发展,加快建设体育强国。"体育强国的基础在于群众体育,校园体育作为我国体育事业的重要构成部分,是培养学生强健体魄、健康心理和坚毅品质的重要阵地。高校开展体育教学,是贯彻落实习近平总书记对发展中国体育事业的指示精神、深化高校体育改革、提高国民素质的重要举措。

随着《全国普通高等学校体育教学指导纲要》和《国家学生体质健康标准》的颁布实施,高校体育课程成为高校课程体系的重要组成部分,同时也是高校实施素质教育和培养全面发展人才的重要途径。体育作为培养身心健康的学生的重要手段,为学校培养合格人才发挥了重要作用。体育课是学校进行体育教学的基本组织形式,是学校体育工作的基础,体育教学的质量直接影响着学校体育工作的质量。高校体育教材是实现体育教育目的与任务的重要载体,因此,编撰可持续发展的、符合当前高校教育改革形势需要以及大学生身心健康发展的体育教材,是高校体育深化改革和体育文化建设的一项重要任务。

为全面推进素质教育,加强高校体育课程建设,我们组织长期在一线从事体育教学的老师共同编写了本教材,旨在通过体育教学向学生传授体育理论知识的同时树立健康意识,养成终身锻炼身体的良好习惯。本教材坚持"以学生为本、健康第一"的指导思想,以培养学生的体育与健康知识为主线,在遵循体育课程建设的客观规律、广泛吸取国内外体育教学有益成果的基础上编写而成。

本教材注重理论与实践的结合,内容全面,图文并茂,融专业性、知识性、科学性、实用性于一体,兼顾大学生体育锻炼的实际需要,使身体锻炼与运动文化的学习同体育能力的培养有机结合,把满足社会发展的需要和个人发展的需要有机结合,有利于学生进一步掌握体育科学知识与运动技能,最终提高整体素质。

本教材可作为高等院校体育教学的专业教材,也可作为大学生体育锻炼的参考书,还可供相关爱好者阅读使用。

本教材在编写过程中参考、借鉴了一些专家、学者的研究资料与成果,引用了一些文献和资料,在此表示感谢!

随着我国社会经济的快速发展和人们物质生活水平的提高，人们对体育的需求更加多元化。因此，教材的内容也应与时俱进，需要一个不断更新与改进的过程，以更加有利于培养大学生健康的体魄和健全的心理。恳请各位专家和读者对本教材给予关注，对教材中不足和疏漏之处给予批评指正，以便修订时完善。

编者
2023 年 4 月

目 录

上篇　基础理论篇

第一章　认识体育教育 ………………………………………………… 3
 第一节　体育的产生与发展 ……………………………………… 3
 第二节　体育的功能 ……………………………………………… 4
 第三节　高校体育教育 …………………………………………… 7
 第四节　奥林匹克运动 …………………………………………… 10

第二章　健康教育 ………………………………………………………… 15
 第一节　健康的概念与标准 ……………………………………… 15
 第二节　运动处方 ………………………………………………… 17
 第三节　运动损伤的预防与处理 ………………………………… 19

第三章　体育竞赛与组织 ………………………………………………… 25
 第一节　体育竞赛分类与方法 …………………………………… 25
 第二节　体育竞赛名次评定 ……………………………………… 28
 第三节　体育竞赛的工作常规 …………………………………… 30

中篇　运动项目学练篇

第四章　田径运动 ………………………………………………………… 35
 第一节　田径运动概述 …………………………………………… 35
 第二节　田径运动项目 …………………………………………… 37
 第三节　田径竞赛规则 …………………………………………… 52

第五章　球类运动 ………………………………………………………… 56
 第一节　篮　球 …………………………………………………… 56
 第二节　排　球 …………………………………………………… 73
 第三节　足　球 …………………………………………………… 82
 第四节　乒乓球 …………………………………………………… 92
 第五节　羽毛球 …………………………………………………… 97
 第六节　网　球 …………………………………………………… 103

第六章 武术运动 ······ 105
第一节 武术运动概述 ······ 105
第二节 武术基本功 ······ 108
第三节 初级长拳三路 ······ 117
第四节 简化太极拳 ······ 132
第五节 散　打 ······ 141

下篇　健身运动与职业体能篇

第七章 形体运动 ······ 153
第一节 形体训练基本练习 ······ 153
第二节 健美运动 ······ 157
第三节 健美操 ······ 160
第四节 瑜　伽 ······ 164

第八章 职业体能 ······ 170
第一节 职业体能概述 ······ 170
第二节 静态坐姿类职业体能教育 ······ 171
第三节 静态站姿类职业体能教育 ······ 176
第四节 流动变姿类职业体能教育 ······ 180
第五节 工场操作类职业体能教育 ······ 181

第九章 中华传统养生保健法 ······ 182
第一节 八段锦 ······ 182
第二节 五禽戏 ······ 188
第三节 易筋经 ······ 194

附录　国家学生体质健康标准 ······ 198
参考文献 ······ 202

上 篇

基础理论篇

第一章　认识体育教育

　　体育作为一个专门的学科领域,是人类在长期的社会实践中逐步建立和发展起来的,在一定程度上受到政治和经济的制约与影响,也在一定程度上为社会的政治与经济服务。体育作为一种文化现象,有着悠久的历史。自教育形成独立体系后,体育始终是教育的组成部分,是教育的基本内容之一,是培养德、智、体、美全面发展的现代化人才的一个重要方面。

　　体育承载着国家强盛、民族振兴的梦想,体育强国梦与中国梦紧密相连。体育是社会发展和人类进步的重要标志,是综合国力和社会文明程度的重要体现。随着社会的发展,体育已成为现代文明的重要组成部分,是世界文化百花园中绚丽的一朵。

第一节　体育的产生与发展

一、体育的产生

　　人类社会任何活动都是以社会需要为依据的,体育的产生和发展亦是如此。体育的产生可以追溯到原始社会。原始人的身体活动大致分为三种:一种是与生产直接相关的活动,如捕鱼、狩猎、农耕等;一种是原始武力活动必需的技能,如攻防、格斗等。这两种活动都必须掌握一定的生活技能,如走、跑、跳、攀、爬等。第三种活动既不与生产、攻防直接有关,又非生活必需技能,仅仅是为了满足人的某种需要(如游戏、竞技、舞蹈、娱乐等)。从需要理论出发,分析体育产生的原因就会得出体育产生于生产劳动的结论。生产劳动是人类最基本的实践活动,但劳动不过是满足人类需要的一种方式而已(当然是最主要的方式)。原始社会中人类不仅需要劳动,而且需要生活。在水平很低的社会需要结构中,单就体育产生的动因而言,除了劳动的需要以外,还有适应环境的需要、对付同类袭扰的防卫需要、同疾病做斗争的生存需要、表达和抒发内心各种感情的需要。这些需要归纳起来,就是需要健康的身体,需要进行强身健体的活动,由此也就构成了体育产生的动因。

　　综上所述,产生体育的这三种活动形式是相互联系、互为条件、互为补充的。体育作为人类有目的、有意识的社会活动,是为了适应社会的需要(包括社会生产和生活的需要)和人本身的需要(包括人的生理和心理的需要)而产生的。

二、体育的发展

　　体育是指人类有计划、有意识地满足自身的生存、享受和发展等不同层次需要所进行的社会实践活动。因此,体育是随着人类社会的发展而发展的,受社会政治、经济和文化的制约与影响。

　　如前所述,原始人类的活动其根本目的是为了生存,远不是为了锻炼身体、增强体质。因此,严格地说,这些活动只能称为生活和劳动。原始人类在生产水平很低的情况下,不可能有明确的社会分工,许多社会活动之间还没有清晰的界限。人们当时的跑、跳、投掷、攀登、爬越,既是劳动活动,也是生活技能。这些都是现代体育活动的前身。原始社会的教育主要是对一些生产技能的传授。青年一代主要是跟随年长者在整个劳动过程和日常生活中接受教育和锻炼,学会走、跑、跳跃、投掷、攀登、爬越等各种最基本的生产劳动和日常生活技能。而原始的生产又多是极笨重的体力劳动,因此在原始教育中体育是主要的内容和手段,很难将原始的教育活动与体育活动截然分开。原始人类的社会活动,除了生产劳动外,还有其他各种活动。如人们在狩猎成功后或在艰苦劳动后的休闲时间里,为了表达内心的喜悦,也经常进行一些集体舞蹈和有趣的游戏;为了与疾病做斗争,就要寻求各种防治疾病的办法。人类社会的这些活动,是体育产生与发展的源泉。原始社会的体育和原始社会的教育、军事、医疗卫生、娱乐、宗教等活动相互联系,互相促进,共同发展。体育在这一时期的主要特征为平等性、非独立性和直接功利性(更直接地为人类的生存和延续服务)。

工具的运用,极大地提高了生产力水平,同时引起了生产关系的变革,也为体育的初步形成提供了物质条件和社会条件。由于生产方式和生活条件的改善,体育在逐渐形成独立形态的发展过程中,成为最重要的教育内容。体育不仅与教育的发展紧密联系在一起,同时与军事、医学、艺术、宗教、休闲娱乐等活动的发展有密切关系。体育正是在与这些活动的相互影响和相互作用的过程中形成了自身的独立体系。

到了封建社会,体育的发展有了长足的进步。这一时期,运动项目和参加体育活动的人日益增多;体育活动的范围也逐渐扩大,从军队到民间、从城市到乡村都开展了体育活动;体育活动的内容也十分丰富,游戏、武艺等蓬勃发展;体育项目多样化与规范化,体育竞技状况空前兴盛,规模也较大,运动技术水平有了很大提高。宋元时期,民间娱乐性体育活动开展,相扑、捶丸(类似现在的高尔夫球)等流行起来。

封建社会后期,武术空前发展,"内家"和"外家"各自形成了自己的全套体系,将中国传统文化中的儒、道、释精神深深地植入其中,最终成就了中华武术这一我国特有的文化运动形式。在思想观念上,文武双全成为封建社会衡量人才的重要标准。军事武艺在社会活动中越来越显露出其重要性,因此,体育备受统治阶级的重视。这些对当时体育的发展起到了很大的推动作用。

生产力的飞跃发展给人类社会生活带来了深刻的影响和巨大的变化。随着物质生活水平的提高,体育因具有广泛的社会需要而得到迅速发展,开始形成独立的学科体系。同时,体育成为学校教育的重要组成部分。

社会主义社会力求把每个社会成员都培养成为德、智、体、美、劳全面发展的人才。作为培养全面发展人才的重要内容与手段,社会对体育发展不断提出新的要求,正是这种不断丰富发展的社会需要,体育从早期的增强生存能力的需要发展到丰富、美化人们的生活,培养全面发展的人,建设社会主义两个文明的、多层次的、社会与个人的需要。生产的发展、文明的进步、社会的前进,对体育的社会需要必将提出更多、更新的要求,从而推动体育的发展朝着更加光辉的前景走去。

第二节 体育的功能

一、健身功能

体育以身体运动为基本手段,要求人体直接参与活动,这就决定了体育具有健身功能。

体育健身的基础理论是,运动能促进人体新陈代谢,加强同化和异化作用,增强人的生命力。因此,不论是体育课上的活动还是课外安排的体育活动,都要考虑到合理的锻炼、有规律的作息、脑力劳动与体力劳动协调以及积极的休息等多方面因素。

1. 体育运动能使人的头脑清醒、思维敏捷

人体的一切活动指令都是由大脑发出来的,长时间的脑力劳动会使大脑供血不足,造成大脑缺氧。进行体育锻炼,能改善和提高中枢神经系统的工作能力,改善大脑供血、供氧状况,激活脑细胞,消除脑疲劳。

2. 体育运动能促进有机体的生长和发育,提高活动能力

体育运动能促进骨的生长,使骨骼变粗、骨密质增厚,从而使骨骼抗弯、抗折、抗压。经常锻炼可以改善肌肉的血液供应,增加肌肉的营养物质,使肌纤维变粗,使其储备能量,以供工作和劳动需要。

3. 体育运动能促使内脏器官功能改善

体育运动促进新陈代谢,使血液循环加快,从而使血液循环系统、呼吸系统、消化系统以及排泄系统的功能得到改善。

4. 体育运动能调节人的情绪,使人朝气蓬勃,充满活力

一些专家经过实验后得出结论:体育运动(如散步、跑步)能成功地缓解大学生考试时的忧虑情绪,研究还发现,有紧张、烦躁情绪的人散步或慢跑后,其焦虑、紧张的情绪一般会松弛下来。

5. 体育运动能提高人的适应能力

体育运动能增强人体的免疫力,提高人体对疾病的抵抗能力。经常在室外进行运动的人,对气候的冷、热、湿、干及各种其他条件的适应能力都会提高。

体育教学作为素质教育的重要组成部分,在塑造高素质复合型人才中的作用越来越明显。体育教育以它独特的方式,促进大学生健康成长,增强大学生团队意识,培养大学生的志趣、爱好等,增强大学生的民族责任感、社会使命感。同时,青年学生通过参加学校体育锻炼,以磨炼自身意志品质,增强在学习、生活中的抗挫折能力,使其很快适应社会的优胜劣汰生存法则,提高自身的竞争能力。因此,体育教育在实施素质教育中承担了改善大学生身心健康的重要责任,为大学生健康成长提供了有力保障。

二、教育功能

体育与教育从产生时就紧密相连。体育作为培养人和教育人的必要手段,历来都是教育的重要组成部分。体育不仅被各国政府纳入教育体系之中,给受教育者以强有力的影响,而且是对人们加强爱国主义、集体主义教育和培养顽强拼搏、自强不息、勇攀高峰精神品质的有效手段。

把德育的社会内容有效地转化为学生个体内在的思想品德,必然要通过学生积极的心理活动。在个性心理发展中,认识、情感、意志和行为习惯等方面是相互联系、相互促进的心理结构整体,发展是整体性的发展。

在体育教学中,让学生欣赏国际体育比赛,观看我国运动员在赛场上奋力拼搏、为国争光的动人场面,升国旗、奏国歌的激动时刻;给学生讲述我国优秀运动员刻苦训练、顽强拼搏

的感人事迹,激发他们的爱国热情,增强他们的民族自尊心和自豪感,引导他们树立精忠报国、为国争光的伟大志向。

通过体育教学和身体锻炼,学生可学习和掌握一定的体育知识、技能,并使思维力、记忆力、观察力、想象力等构成智力的各种能力得到发展。因此,作为大学教育内容之一,体育运动在传授知识、培养技能、技巧,增强人的体质过程中,还包含着培养、开发和提高智能的功能。21世纪是以高新科学技术为核心、知识逐渐占经济发展的主导地位的时代,国家人才资源的重要性将远远高于以往任何时代。国家综合国力的提高,越来越明显地取决于高新科学技术的发展水平和各类人才的数量与质量。

三、心理功能

大学生在心理上还未成熟,认识问题、自我调节和自我控制能力还不强,在处理矛盾和冲突时,往往会因为遇到挫折和障碍而产生忧虑和烦恼,造成情绪压抑和心理紧张,出现种种心理问题。而体育运动能陶冶人的情操,培养人的自信心、自制力、进取心和坚忍不拔的意志品质。紧张而激烈的竞赛既是对人的心理品质的严峻考验,也是锻炼心理素质的时机。因此,在体育教学中培养学生的心理品质很重要。

首先,大学生的拼搏进取精神在学校体育教育下得到了很好的体现。"更快、更高、更强"的体育格言向大学生昭示着一种顽强奋争、尽力拼搏的体育精神;同时,它也是一种不断超越、锐意进取的人生信念,鼓励人在面对挫折与困难时,不抛弃、不放弃,同困难做斗争。现代体育运动带给了大学生新的心理感受,满足了人们高层次的情感生活需求。其次,大学生的公平竞争意识在奥林匹克精神的感召下得以培养。运动场上所倡导的竞争是公平竞争,所表现出的光明磊落、平等公正,是人类社会一切竞争的典范,这种体育精神随着奥林匹克运动的发展,传播到了社会生活的各个领域,成为人类社会生活中重要的行为规范和价值观念。

大学生如果能注意培养和发展自己的业余爱好,进行多方面的自我娱乐活动,就可以在寂寞孤独、烦闷忧郁时,通过自我娱乐来缓解压抑的心情,这对心理健康是极有好处的。人不可能总是工作和学习,在业余时间开展娱乐活动,做到积极地放松和休整,才能使自己得到真正的身心保健,并使自己更有效地从事工作和学习。每个大学生在大学阶段,要有意识地依据自己的性格特点和客观条件,培养和发展一些兴趣和业余爱好,学会自我娱乐,这对维护自身的心理健康是十分有益的。

四、美育功能

美育的目标在于完善个体审美心理,通过审美感知力、想象力、理解力及审美趣味和审美理想的培养来塑造美丽的心灵。审美心理结构与人的体质结构属于人的本质的不同层次,具有不同的规律和特点,但两者又存在着密切关系。体育侧重于身体的锻炼,而美育注重心灵的雕塑。人的体质结构是审美心理结构的基础,因而体质结构的改善,直接影响审美心理的健康发展。

1. 创造美

体育活动,能够使人身体各部分的骨骼和肌肉都得到均衡、协调的发展,在活动中动作协调、灵敏,具有较快的速度和较强的耐力,使人身体强壮、精神饱满、精力充沛。学生在参与体育活动过程中,可以增强自尊心、自信心、自豪感与集体荣誉感。

2. 树立正确的审美观

审美不是自然现象而是社会现象,人们对美的感知能力也不是先天具有的,而是后天获得的。体育锻炼能使学生体格健美、体形匀称、姿态端正、动作矫健,这些既是健康的标志,又是人体美的表现。在观赏精彩的比赛或表演时,运动员丰富多彩的运动姿势及各种动作的绝妙编排与组合,显示出运动员健、力、美的高度统一,充分体现了形式美的特征。加上和谐的韵律、鲜明的节奏、绝妙的配合,给人以美的享受。有时观赏体育比赛比参与比赛更有吸引力和让人兴奋,观赏过程同样经常伴随着自信、鼓舞、勇气、享受、兴奋、自豪等心情。

五、社会感情功能

体育的社会感情功能是与人的社会心理稳定性有直接关系的。心理稳定性是指人的心理与社会相一致,或者称为人的社会心理平衡。

体育运动的主要特点是它的竞争性。竞争产生对抗,对抗的结果又具有不稳定性和显示结果的及时性,因此,它能使人产生强烈的情感刺激、感情交流。竞争可以最大限度地激发大学生的主动精神,从而激发他们的发展潜力。善于竞争是对现代大学生的基本要求,公平竞争精神是大学生适应现代社会必备的精神素质。体育运动能培养大学生的竞争意识,使他们在激烈的社会竞争中处于优势地位。体育竞技的魅力在于其永恒的、公正的、平等的竞争;在于竞争的不确定性;在于竞争者精湛的技艺、高雅的艺术造型和默契的配合;在于运动员的卓越表演和奋力拼搏的精神品质。

体育运动的这种社会感情功能是其他任何社会活动所无法比拟的。一场重大的国际比赛,小则几十个、多则上百个国家进行实况转播,观众可达几十亿。世界上还能有其他活动能产生如此轰动的效应吗?

第三节　高校体育教育

一、体育教育概述

自从教育形成独立体系后,体育始终是教育的组成部分,是作为教育的基本内容之一而出现的。马克思曾经说过:"未来的教育对所有已满一定年龄的儿童来说,就是生产劳动同智育和体育相结合,它不仅是提高社会生产的一种方法,而且是造就全面发展的人的唯一方法。"这里,马克思不仅把体育列入教育,而且把体育和智育相提并论。毛泽东同志1917年在《新青年》上发表的《体育之研究》一文中就指出:"夫知识则诚可贵矣……道德亦诚可贵矣",然而,"无体是无德智也""体者,为知识之载而为道德之寓者也"。这里,毛泽东同志以辩证唯物主义的观点,明确地指出体育是德育和智育的基础。

学校体育在我国历来备受党中央的高度重视。早在1950年,毛泽东同志就做出了"健康第一"的指示。1952年6月10日,毛泽东为新中国体育工作题写了"发展体育运动,增强人民体质"的12字方针。这一题词,是毛泽东为中华全国体育总会成立大会所作的,它极大地推动了我国体育运动的发展。1957年,毛泽东又明确指出:"我们的教育方针应该使受教育者在德育、智育和体育几个方面都得到发展,成为有社会主义觉悟的、有文化的劳动者。"

2017年,国务院修订的《学校体育工作条例》中明确指出:"学校体育工作的基本任务是:增进学生身心健康、增强学生体质;使学生掌握体育基本知识,培养学生体育运动能力和习惯;提高学生运动技术水平,为国家培养体育后备人才;对学生进行品德教育,增强组织纪律性,培养学生的勇敢、顽强、进取精神。"由此可见,体育是学校教育的重要组成部分,必须予以重视。

2015年第十二届全国人大第十八次会议修订通过的《中华人民共和国教育法》第五条即作出规定:"教育必须为社会主义现代化建设服务、为人民服务,必须与生产劳动和社会实践相结合,培养德智体美劳全面发展的社会主义建设者和接班人。"这一规定明确了德智体美劳等方面全面发展的教育方针,明确了体育在教育中所担负的特殊任务和重要地位。

为了全面贯彻党的教育方针,作为高等教育重要组成部分的体育,在培养德、智、体、美等方面全面发展的社会主义建设者和接班人方面所做的贡献是毋庸置疑的。21世纪对人才培养提出了更高和更严格的要求,致使世界各国在确定"主动接受教育"的思想和"终身教育"观念的同时,都相应制定了人才培养的新标准。因此,面对社会发展的大趋势,为了保证我国政治、教育和经济体制改革的顺利进行,努力培养"具有社会责任感、创新精神和实践能力的高级专门人才",大学体育的社会地位也在不断地提高。

体育教育是高校体育工作的中心,是完成高校教学任务的基本途径之一。我国现代体育分为学校体育、群众体育和竞技体育三部分,学校体育是群众体育的基础和重点,对于提高国民素质具有重要意义。大学生与中小学生相比,身心发展日趋成熟,但从生长发育规律及人体发展的全过程去看,大学生的身心仍处在不断发展和完善的阶段。高校体育对大学生的身心自我完善具有重要作用。另外,高校体育也是培养优秀体育人才的摇篮,是培养社会体育积极分子与体育骨干的基地。教育部和国家体育总局联合成立了课题组,在大量调研的基础上,参阅国际上对青少年体质研究及评价指标体系、评价标准,并根据我国的实际情况,制定了《学生体质健康标准》。《学生体质健康标准》强调的是促进学生身体的正常生长和发育、形态功能的全面协调发展、身体健康素质的全面提高和学生主动自觉地参加经常性的体育锻炼。总之,我国高校体育指导思想的确立经历了一个不断发展、深化的过程:从传授体育技能到素质教育再到终身体育和健康第一,直至今天的健身体育;教育目标不断完善,既注重大学阶段对学生个体的发展,更追求对学生作用的长远效益;教育形式呈现出日益多样化、多层次和多类型的发展趋势。

此外,现代化的教育方法和教育手段,使我国高校体育发生了巨大的变化。从体育教育的形式来看,目前我国高校体育教育主要有三种形式:①普通体育教育,主要进行全面身体锻炼,这类教育大多在大学一年级进行;②专项体育教育,主要是为满足学生不同的爱好与个性发展,进一步提高某项体育运动技术和技能,使之在全面发展的基础上有所特长,这类教育一般在大学二年级进行;③保健体育教育,主要是针对体质较弱或患有某种疾病的学生进行的,带有医疗性质的体育教育,目的是通过适当的体育活动,改善学生的健康状况,使其早日恢复健康,教育的内容和方法视学生的具体情况而定。

二、大学体育与终身体育

高校体育是学校体育的最高层次,是学生学习的重要一站,是学校到社会的转折点和学与用的衔接点。在高校体育中加强对学生终身体育能力与习惯的培养,有助于学生成为主动进行体育锻炼的实践者,且作为群众体育的辐射源,植根于社会之中。

大学生正处于身心发育较为成熟的时期,是接受教育、完善自我、实现个体社会化的最佳阶段。由于大学生文化层次较高、自主能力较强,在此期间,结合兴趣、爱好及身体和专业特点,学习自我锻炼身体的知识,发展自我身体锻炼的能力,培养终身体育锻炼的习惯,必能收到事半功倍的效果。

终身体育指导思想的确立,为我国高校体育改革注入了新的生机和活力。终身体育作为一种整体而长远的体育思想,是社会发展的必然。它改变了长期以来束缚人们思想的各种观念,为高校体育改革指明了方向,它体现了个人和社会对体育的持久要求。高校体育教育应使大学生认识到在当前和今后体育运用方面的问题,也就是说,高校体育应研究如何与群众体育有效衔接,使大学生在走向社会时能始终具有良好的身体和健康的心理。因此,高校体育必须以终身体育为指导思想,实施终身体育必须充分发挥高校体育的"桥梁"作用和"奠基"功能。

终身体育是指人在一生中进行身体锻炼和接受体育教育或指导的总称,即从一个人的生命开始到生命结束,都要从适应环境与个人需要出发来不断地进行体育锻炼,以维持身体健康。良好的体质是取得生存、学习、工作和生活的重要物质条件。终身体育是在现代终身教育思想的影响下形成的,是终身教育的组成部分。终身体育思想反映了现代文明给人体带来了某些不良影响,为了适应当今社会高速度、高强度、快节奏的工作方式,以及现代文明对人体提出的挑战,就必须进行终身体育锻炼。终身体育的核心,是使体育教育贯穿人的一生,使学前体育、学校体育、社会体育等各环节紧密衔接,保证体育教育的统一性、完整性与连贯性,实现一体化。随着社会的进步与发展、人民生活水平的提高,人们逐渐摒弃了体育活动只在人一生中的某一短暂时期内进行的观念,认识到体育教育应贯穿于每个人的一生,学校体育必须面向社会。体育活动也不单纯是青少年在发育期发展身体的手段,而是贯穿于人一生中所必需的生活内容。因此,终身体育既是现代教育理论的产物,又是历史发展的必然。

按照终身体育的模式,学校体育是终身体育的中间环节,具有承前启后的桥梁作用。特别是高校体育,作为学校体育的最后阶段,其目的、任务与社会紧密相连,更具有显著的"奠基"功能和终身效益。因此,高校体育必须以终身体育为指导思想,实施终身体育必须充分发挥高校体育的"桥梁"作用和"奠基"功能。

终身体育作为高校体育的指导思想,已经为人们所接受。但是,由于传统观念的束缚,这种接受还仅仅是理论上的,或者说还停留于形式上,关键是怎样把终身体育的指导思想落实到高校体育教学的各个环节之中。

首先,高校体育改革的目标必须与终身体育相结合。随着社会的发展,终身体育已成为现代人生活的一种追求。作为终身体育中间环节的高校体育,其改革的目标必须与终身体育相结合,明确终身体育各阶段的任务,摆脱高校体育多年来徘徊不前的被动局面。要着重培养学生的健康意识,使其养成锻炼与养护身体的习惯,使学生将来走上工作岗位后,在无人督导的情况下,仍能投身于体育锻炼之中,并作为社会大众体育的载体向周围群众辐射,促进群众体育人口质量的提高,真正发挥高校体育的"桥梁"和"奠基"功能。

第二,高度重视体育理论教育,突出对学生终身实用的体育科学知识的传播。长期以来,我国高校体育由于受传统教育观念的束缚,对体育学科实践性强的特点的理解陷入一种误区,形成一种重实践、轻理论的倾向。据了解,大多数高校体育教学每学期只安排1~2次理论课,教学内容缺乏针对性和长远性,实用价值不高,更没有形成一个适合现代大学生身心发展的高校体育理论体系及相应的教学和评议措施。这种忽视对学生进行体育基本理论知识和终身受用的体育科学知识传授的教育,严重地影响了当代学生对终身体育锻炼的需求和终身体育意识的形成。因此,在高校体育教育中加强终身受用的体育理论教学,使学生在运动实践中及早获得成功体验,能有效地促进学生终身体育意识的形成。

第三,建立合理的教材体系,培养学生终身进行锻炼与自觉锻炼身体的习惯。教学内容的改革,是高校体育教学改革的一个重要方面,它对教学目标的实现具有重要的导向作用。据了解,目前高校体育教学大纲虽然经历多次改革,但其内部仍主要是以解决体育手段为主的运动技术项目的大组合,内容繁多,脱离社会需要,缺乏达到强健身心的完整教育过程。我们应根据健身的完整过程和社会发展的需要,尽可能从促进大众健康角度考虑,多选择那些难度不太大、易于开展、个人或少数几个人即可进行的、能延续到社会、适合于成年人的、对终身增强体质实用性大的终身运动项目。要建立以锻炼和养护学生身心为主体内容的教材体系,在教材的编写上,不仅要注重技术动作方法的传授,更要注重学生体育方法、体育能力、体育意识的培养,要注重知识性、科学性和实效性,为学生终身体育打下坚实的基础。

第四,加强现代教育理论的研究,改革传统的教学方法,构建新的教学模式。终身体育的指导思想是现代教育理论和现代科学技术发展的必然产物。传统的教学观,强调以教师、教材、课堂三者为"中心",把学生作为消极的、被动的客体,过分追求运动的生物学效果。在教材选择上,忽视精神方面的内容;在教学方法上,普遍存在单纯依据动作技术结构进行填鸭式的"三基"教学。这种单调乏味的教学方法,难以调动学生锻炼身体的积极性、主动性,同时也制约着学生对体育学习的兴趣。因此,高校体育教学必须改革传统的教学方法,注重培养学生参加体育锻炼的兴趣,提高自我锻炼身体的能力。

对体育的兴趣、爱好和习惯,在体育活动实践中,有其不同的意义。兴趣是一种心理倾向,爱好是对体育活动的积极表现,而习惯则成为生活中的"自然"行为。由兴趣表现出的积极情绪,导致了行为上的爱好,从而形成行为上的习惯。缺乏对体育活动的兴趣,就不可能产生对体育的爱好;对体育活动没有爱好,就不可能对它有持之以恒的兴趣,也就不可能形成从事体育锻炼的习惯,我们的体育教学目标就难以实现。因此,在高校体育教学改革中,必须加强对学生终身进行体育锻炼的兴趣、爱好和习惯的培养,注重心理教学,注重对学生学习方法的研究,改革传统的教学模式;要根据学生的特点,采用灵活多变的综合教学法,激发学生的学习兴趣。

第四节 奥林匹克运动

奥林匹克运动会简称奥运会,是国际奥林匹克委员会主办的世界规模最大的综合性运动会,其影响力远超出了体育领域,在当今世界政治、经济、文化、艺术、科技等诸多方面产生了一系列不可忽视的影响,是人类文明宝贵的精神财富和物质财富。体育是全人类共同的语言,发展是全世界共同的追求。对体育运动的热爱,让世界各国的人们相聚五环旗下,用拼搏和汗水、真情和微笑,诠释"更快、更高、更强——更团结"的奥林匹克格言。在当今世界大家庭中,中国与奥林匹克运动的联系也日益紧密。

一、奥林匹克运动简介

(一) 奥运会的起源

奥运会起源于古希腊,可分为古代奥运会和现代奥运会两个阶段。古代奥运会起源于公元前776年,每4年的夏天在古希腊的奥林匹亚举行。1894年6月16日,在巴黎大学,来自法国、英国、美国、希腊、俄国、意大利、比利时、瑞士、荷兰等国家的代表聚集一堂,召开了国际体育运动代表大会。会议通过了顾拜旦提出的复兴奥林匹克运动的提议,一致决定每4年举行一届奥运会。会议通过了成立国际奥委会的决议,并于1896年在雅典举行了第1届现代奥运会。

(二) 奥运会项目

奥运会项目是由国际奥委会制定范围的同类奥运比赛竞技的分类,分为大项、分项和小项。

1. 夏季奥运会及其项目

夏季奥运会于1896年在古希腊举行了第1届,每4年举行一届,至今已举行了32届。其中第6届、第12届和第13届奥运会因为战争而停办,第32届奥运会因新型冠状病毒肺炎疫情而延期于2021年举行。

国际奥委会规定,只有得到国际奥委会承认的各单项国际体育组织及其管辖的运动项目才能被列入奥运会比赛,且至少在四大洲75个国家和地区的男性中及在三大洲40个国家和地区的女性中广泛开展。2021年第32届奥运会有33个大项,其中滑板、冲浪、运动攀岩和空手道4个大项是首次现身奥运会,棒垒球则完成了其阔别奥运赛场多年后的"返场秀"。

2. 冬季奥运会及其项目

冬季奥运会按实际举行次数来计算届数。冬季奥运会的项目分为冰上项目和雪上项目两大类,包括7个大项和15个分项。

二、中国与奥运会

(一) 中国的申奥之路

早在1894年,即国际奥委会成立之年,国际奥委会就曾通过法国驻华使馆给当时的清政府发出了邀请信,邀请中国派运动员参加1896年在希腊雅典举行的第1届现代奥运会比赛。可是,清政府上下文武官员竟然没有一个人能弄清"奥运会"究竟为何物,也就更谈不上派人参加了。1928年,中国获准派团参加在荷兰阿姆斯特丹举行的第9届奥运会,当时,中国只派了宋如海一人作为观察员出席而未参赛。1932年起,中国曾派选手参加了第10届、第11届、第14届奥运会,可比赛结果都不尽如人意。

1. 奥运会"零"的纪录

1932年,第10届奥运会在美国洛杉矶举行,在张学良的资助下,中国派出了一个代表团:代表沈嗣良、教练宋君复、选手刘长春。然而,刘长春因旅途疲劳、体力不支,在100m跑、200m跑预赛中即被淘汰。这是中国运动员第一次正式进入奥运赛场,虽然成绩不佳,但向全世界宣告了中国奥林匹克运动的存在。

1936年,第11届奥运会在德国柏林举行,中国派出运动员69人、考察团34人参加。除了符保卢凭撑竿跳高成绩进入复赛外,其余各项的参赛运动员在初赛即被淘汰。

1948年,第14届奥运会在英国伦敦举行。中国派出33名运动员参赛,各项的参赛运动员均未进入决赛。

2. 中国席位受争议影响参赛

1952年,第15届奥运会召开前夕,由于国际奥委会在中国席位问题上存在分歧,使得中国在开幕式前一天才收到邀请信。当时我国派出了以足球、篮球、游泳选手组成的代表团赶赴芬兰。可惜代表团到达时,比赛已接近尾声,只有吴传玉一人获得参加100m仰泳比赛的机会。

3. 名正言顺进入国际奥委会

1954年,国际奥委会同时承认两个"中国奥委会",违背了《奥林匹克宪章》规定的一个国家只能有一个国家奥委会的原则。中国对制造"两个中国"提出抗议,并退出了第16届奥运会。1958年,中国正式退出国际奥委会。

1979年11月26日,国际奥委会经全体委员表决,以62票赞成、17票反对、2票弃权,通过了国际奥委会执委会于10月25日在日本名古屋做出的决议。决议指出:恢复中国在国际奥委会的合法席位,中国奥委会参加大会时使用中华人民共和国国旗和国歌。

4. 辉煌的篇章——零的突破

1984年7月28日,在第23届奥运会上,中国射击选手许海峰在男子自选手枪比赛中以566环的成绩战胜各国强手获得冠军,为中国实现了奥运金牌"零的突破",为中国奥运史写下了新的篇章。

(二)2008年北京奥运会

第29届夏季奥林匹克运动会(Beijing 2008;Games of the XXIX Olympiad),又称2008年北京奥运会,2008年8月8日晚8时整在中国首都北京开幕,8月24日闭幕。

2008年北京奥运会共有参赛国家及地区204个,参赛运动员11438人,设28个大项、302个小项,共有60000多名运动员、教练员和官员参加,共创造43项新世界纪录及132项新奥运纪录,共有87个国家和地区在赛事中取得奖牌。中国以51枚金牌居金牌榜首位,是奥运历史上首个登上金牌榜首的亚洲国家。

"中国印·舞动的北京"为2008年第29届奥运会会徽。会徽以印章作为主体表现形式,将中国传统的印章、书法等艺术形式与运动特征结合起来,人的造型形似现代的"京"字,蕴含浓郁的中国韵味。北京奥运会吉祥物由5个拟人化的娃娃形象组成,统称"福娃",分别是"贝贝"(鲤鱼)、"晶晶"(熊猫)、"欢欢"(奥运圣火)、"迎迎"(藏羚羊)和"妮妮"(燕子)。它们的名字连起来的谐音是"北京欢迎你"。

(三)2022年北京冬季奥运会

第24届冬季奥运会于2022年在中国的北京和张家口举行,这是中国历史上第一次举办冬季奥运会,也是中国继北京奥运会、南京青年奥运会后,第三次举办奥运赛事。北京市成为奥运史上第一个既举办过夏季奥运会又举办过冬季奥运会的城市,也是继1952年挪威的奥斯陆之后,时隔整整70年第二个举办冬季奥运会的首都城市。

2022年北京冬季奥运会设7个大项,15个分项,109个小项。北京赛区承办所有的冰上项目和自由式滑雪大跳台,延庆赛区承办雪车、雪橇及高山滑雪项目,张家口赛区承办除雪车、雪橇、高山滑雪和自由式滑雪大跳台之外的所有雪上项目。

三、奥运会对中国的积极影响

举办一届奥运会,将会对奥运会的主办城市及其所在国家的文化、经济、体育、社会等发展带来显著的积极影响。奥运会对举办国家和举办城市的积极影响包括物质和精神两个方面。具体到中国而言,主要有以下影响。

(一)促进我国精神文明建设

举办奥运会对我国精神文明建设的促进作用主要体现在以下方面。

(1)举办奥运会,有利于培养和提升我国民众的爱国热情和民族自豪感。

(2)"更快、更高、更强——更团结"的奥林匹克格言将激励中华民族自强不息、勇于前进。

(3)公正、公开、公平是奥林匹克精神的精髓。它既指运动场上的公平竞争,也指运动员必须遵守规则、光明磊落、平等公正。奥运会是人类社会竞争的典范。

(4)在北京举办奥运会,带动了我国文化产业结构升级,拉动了我国文化产品的生产,促进了我国文化设施建设。

(5)举办奥运会,让我国有机会向世界展现中华传统文化,展示我国古老又充满生机的国家形象。

(二)促进我国经济发展

举办奥运会对我国经济发展的促进作用主要体现在以下方面。

(1)举办奥运会,有利于我国利用场馆优势发展旅游业、会展业等。

(2)我国可大力发展奥运衍生产业,促进产业升级和经济增长。

(3)举办奥运会,大大提升了相关城市的投资环境。

(4)举办奥运会,有利于我国在国际上宣传"中国品牌",更好地带动国内企业由产品经营向品牌经营的转变。

(5)"绿色奥运、科技奥运、人文奥运"的申办理念与我国产业结构调整的理念相契合,因此能加快我国产业结构调整。

(6)举办奥运会,有利于我国经济进一步转向创新驱动型经济、服务经济和循环经济。

(三)促进我国体育发展

举办奥运会对我国体育发展的促进作用主要体现在以下方面。

(1)举办奥运会能促进我国体育事业和体育产业的发展。

(2)举办奥运会能促进我国大众体育、群众体育的发展,促进全民健身理念的提出和践行。

(3)举办奥运会能促进学校体育的发展,奥林匹克精神的普及能促进校园体育文化的建设。

(4)举办奥运会能使我国竞技体育管理体制更加完善,进而有利于我国竞技体育运动成绩的提高。

(四)促进我国社会综合发展

举办奥运会对我国社会综合发展的促进作用主要体现在以下方面。

(1)举办奥运会能振奋民族精神,促进中华民族伟大复兴。

(2)举办奥运会能增强社会活力,促进社会发展。

(3)举办奥运会能激发人们的创新精神,使社会更加重视人才效益。

第二章 健康教育

第一节 健康的概念与标准

一、健康的概念

健康是一个综合概念,人类对健康的认识随社会的进步和医学科学的发展而逐步深化。长期以来,由于受生物医学模式的影响,健康被单纯地解释为无病、无残、无伤,这种概念至今仍有广泛的影响。随着医学模式由单纯的"生物医学"向"生物-心理-社会医学"演变,越来越多的研究表明,人的健康与疾病不单纯受生物因素(细菌、寄生虫等病原微生物或基因遗传)的影响,而且受心理、社会、环境及个人生活方式的影响。人们对健康和疾病的认识有了根本变化,健康的概念随之不断更新、扩展。

1948年,世界卫生组织(WHO)提出:"健康不仅是没有疾病或不虚弱,而且是身体的、心理的和社会适应方面的完美状态。"这一概念将健康划分为生理、心理及社会三个方面,改变了以往健康仅指无疾病的单一概念,这是人们对健康认识的一次飞跃。1978年,世界卫生组织在《阿拉木图宣言》中重申这一定义,并指出"达到尽可能高的健康水平是世界范围内一项最重要的社会性目标,而其实现则要求卫生部门及社会各部门协调行动"。1989年,世界卫生组织又对健康作出新的定义,即"健康不仅是没有疾病,而且包括躯体健康、心理健康、社会适应性良好和道德健康"。根据世界卫生组织对"健康"的定义,本书对健康作出了如下的诠释。

1. 躯体健康

躯体健康一般指人的生理健康,是指躯体的形态、结构和功能正常,具有生活自理能力。生理健康不仅指无病,而且还包括体能。后者是一种满足生活需要和有足够能量完成各种活动任务的能力。具备这种能力,就可以预防疾病,增进健康,提高生活质量。体能也叫体适能,主要是通过体育锻炼而获得的。

2. 心理健康

随着诊断学的发展,医学专家又惊人地发现:经现代医学检查,50%~70%的人都有心理异常表现。这些人尽管未达到需求医诊治的程度,但一旦环境稍有变化,或精神受到某种刺激,健康依然受到威胁。特别是当发现利用许多医学常规手段无法解决的、由精神引发的疾病时,医学研究根据人的社会属性提出,要把社会环境引起的心理活动也包括在健康诊断之中。

心理健康一般有三个方面的标志:第一,心理健康的人,人格是完整的,自我感觉是良好的,情绪是稳定的,积极情绪多于消极情绪,有较好的自控能力,能保持心理上的平衡,有自尊、自爱、自信心,而且有自知之明;第二,在自己所处的环境中,有充分的安全感,且能保持正常的人际关系,能受到别人的欢迎和信任;第三,健康的人对未来有明确的生活目标,切合实际地、不断地进取,有理想和事业上的追求。

3. 社会健康

社会健康,也称社会适应性,指个体与他人及社会环境相互作用并具有良好的人际关系和实现社会角色的能力。有此能力的个体在交往中有自信感和安全感,与人友好相处,心情舒畅,少生烦恼,知道如何结交朋友、维持友谊,知道如何帮助他人和向他人求助,能聆听他人意见、表达自己思想,能以负责的态度行事并在社会中找到适合自己的位置。

社会健康水平低,对人的身心健康会产生消极的影响。社会健康水平低的人,常因人际关系的矛盾而产生心理上的烦恼,并持续地出现焦虑、压抑、愤怒等不良情绪反应。而不良的情绪反应可使人的免疫能力下降,进而大大增加了生理疾病发生的可能性。我国著名的医学心理专家丁瓒教授说:"人类的心理适应,最主要的就是对于人际关系的适应,所以人类的心理病态,主要是由人际关系的失调而来。"

在美国,有人对6900名成人进行了为期9年的跟踪观察,结果发现,社会交往少的人死亡比例大(占总人数的30.8%),而社会交往多的人死亡率只有9.6%。因此,为了保持身心健康,人们既需要营养、体育锻炼、休息和其他生理方面的满足,也需要安全、友谊、爱情、亲情、支持、理解、归属和尊重等通过人际关系所获得的心理方面的满足。从一定意义上讲,良好的人际关系是人生命所需的非常宝贵的滋补剂,善于与人相处是一个人诸多能力中最重要的、不可缺少的能力之一。因此,为了学习进步、为了家庭幸福、为了事业成功、为了健康长寿、为了提高我们的生活质量,我们应该努力培养和提高与人相处的能力。

4. 道德健康

道德健康是人的一种"本质力量",由思想品德和人格自我完善两部分构成。通常认为,思想品德是一种社会意识形态,它以善与恶、荣与辱、正义与邪恶等概念来评价人的各种行为,调整人与人之间以及个人与社会之间的关系。人格反映人基本的、稳定的心理结构特质和过程,它融合着个体的经验,并形成个体特有的行为与对周围环境的反应。严格地讲,思想品德作为完善人格的基础,是决定精神健康的重要内容;而人格自我完善本身,就是不断提高自身的文化修养水平,使个体思想、品质与行为趋于理想化。据世界卫生组织检测中心统计:结核病、流感、肺炎、糖尿病、脑血管病、冠心病等常见病的死亡率,与道德、文化修养有着千丝万缕的联系。道德文化水平越高,患这些疾病的死亡率越低。

关于对个体道德水准与文化修养影响健康的认识,我国古代早有"君子坦荡荡,小人长戚戚"的说法。实践证明,凡与人为善、助人为乐,且具有高尚品德的人,总是心胸坦荡。人若处于无烦恼的心理状态,不仅能使人体分泌更多有益的激素、酶类和乙酰胆碱等,还可增强人体的抗病能力,这无疑对促进健康是有利的。与之相反,倘若一个人有悖于社会道德准则,由于其胡作非为导致的紧张、恐惧、内疚等不良心态,就会给他带来沉重的精神负担,使之终日食不知味,夜不成寐,这样的结果自然也就无健康可言了。

二、健康的标准

这里介绍的两个健康标准是世界卫生组织为健康所制定的10项具体指标和"五快三良好"标准。

1. 10项具体指标

（1）精力充沛，能从容不迫地应付日常生活和工作的压力而不感到过分紧张。

（2）处事乐观，态度积极，勇于承担责任，对事物不挑剔。

（3）善于休息，睡眠良好。

（4）应变能力强，能适应环境的各种变化。

（5）能够抵挡一般性感冒和传染病。

（6）体重得当，身材均匀，站立时头、肩、臂位置协调。

（7）眼睛明亮，反应敏锐，眼睑不发炎。

（8）牙齿清洁，无龋齿，无痛感；齿龈颜色正常，不出血。

（9）头发有光泽、无头屑。

（10）肌肉丰满，皮肤富有弹性，走路轻松有力。

上述10条标准中既含有生理的内容，也含有心理和社会的内容，后者虽不像前者那么具体明确，但包含的范围非常大，相对也更难以拥有。一个人拥有健康的身体，同时拥有健康的心理和社会性，才是拥有真正意义上的"健康"。

2."五快三良好"标准

（1）吃得快：指胃口好、不挑食、吃得迅速，表明内脏功能正常。

（2）便得快：指上厕所时很快排通大小便，表明肠胃功能良好。

（3）睡得快：指上床即能熟睡、深睡，醒来时精神饱满、头脑清晰，表明中枢神经系统的兴奋、抑制功能协调，且内脏不受任何病理的干扰。

（4）说得快：指语言表达准确、清晰流利，表明思维清楚而敏捷，反应良好，心肺功能正常。

（5）走得快：指行动自如，且身体转动敏捷，因为人的疾病和衰老往往从下肢开始。

（6）良好的个性：指性格温和，意志坚强，感情丰富，胸怀坦荡，心境达观，不为烦恼、痛苦、伤感所左右。

（7）良好的处世能力：指沉浮自如，客观观察问题，具有自我控制能力而能适应复杂的社会环境，对事物的变迁保持良好的情绪，常有知足感。

（8）良好的人际关系：指待人接物宽和，不过分计较小事，能助人为乐、与人为善。

第二节　运动处方

运动处方类似医生给病人开的医疗处方，是根据锻炼者的年龄、性别、健康状况、身体能力水平，以处方的形式，规定锻炼者适宜的运动内容、锻炼方法和运动负荷。一个合理的运动处方能有效地提高自己的健康和体能。一份运动处方应包括锻炼目标、准备活动、锻炼模式和整理活动等。

一、确立锻炼目标

确立锻炼目标对设计一份运动处方十分重要。目标可以使人清醒地把握自己，促使自己去实施锻炼方案。当达到目标后，能增加自己的成就感，提高自信心，从而激励自己终身从事体育锻炼。

锻炼目标可分为短期(8~10周)、中期(8~20周)和长期(50周左右)目标,目标可随个体的情况、需要和环境的变化而进行调整,但不应该频繁更改。

设置目标最重要的原则是具体和实际,应该是一个人通过努力能够达到的锻炼目标,切勿好高骛远,因为实现不了的目标会使人灰心丧气。

二、选择锻炼模式

锻炼模式包括锻炼方式、频率、运动强度和持续时间。

1. 锻炼方式

锻炼方式指个体进行锻炼时所从事的身体练习活动(又称运动项目)。例如,为了提高心肺功能和耐力,可以选择跑步、游泳;要增强力量,可以选择练习杠铃、哑铃等。选择锻炼方式应根据个人的需要和目标,因人而异,要考虑到个体的年龄、性别、健康、体能和身体结构等状况。

2. 锻炼频率

锻炼频率是指每周锻炼的次数。为提高与健康有关的体能水平,每周应锻炼3~5次。

3. 运动强度

运动强度是指锻炼时人体承受的生理负荷。运动强度可分为大、中、小三级,测量心率是判断运动强度的标准方法。在运动处方中规定锻炼应达到而不应超过的心率,心率标准应根据锻炼者的实际情况而有所不同。

4. 持续时间

持续时间是指用在主要锻炼内容上的总时间,不包括准备活动和整理活动所花费的时间。运动持续时间在很大程度上取决于运动强度。运动强度越低,则持续时间越长;运动强度大,持续时间应稍短,方可产生良好的锻炼效果。

采用同样的运动负荷时,体质好的人宜选择强度大、持续时间短的练习;体质弱的人宜选择强度小,持续时间长的练习。研究表明,要有效地保持身体健康和提高体能,每次锻炼的时间不应少于20min。

三、制订运动处方的程序

制订运动处方的程序如图2-1所示。制订运动处方之前,首先要对身体进行系统的健康检查,诊断之后进一步做体能测定。目前多采用12min跑或哈佛氏台阶实验的方法来测定。根据健康诊断和体能测定的情况制订处方,再按照处方进行实际锻炼。经过一阶段的

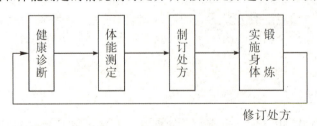

图2-1 制订运动处方的程序

锻炼,然后再进行诊断和测定,以检查和评定锻炼的效果,为重新修订运动处方提供依据,使之更符合现阶段锻炼的实际要求。

四、运动处方的格式

运动处方可根据不同的需要制订而成。常用的运动处方一般分为正面(内容)和背面(自我监督的情况),表2-1、表2-2为运动处方格式举例。

表2-1 运动处方格式举例(正面)

姓名:	性别:	年龄:
健康诊断: 　　体力测定:12min 跑　　哈佛氏台阶实验 　　结果: 准备活动: 锻炼内容: 锻炼时最高心率　　　次/分 每周运动次数 每次锻炼持续时间 整理活动: 注意事项:　　　　禁忌运动项目: 复查日期:　　　　自我监督项目:		

表2-2 运动处方格式举例(背面)

日期	锻炼情况	身体反应情况

签名＿＿＿＿

第三节　运动损伤的预防与处理

在体育运动过程中所发生的各种身体损伤称为运动损伤。经常参加体育锻炼,可以促进身体的正常生长发育,增进健康,增强体质。但是,如果体育锻炼方法运用不当,不讲究运动卫生,忽视安全,就容易发生运动损伤。运动损伤所造成的影响是严重的。对于一般体育爱好者来说,运动损伤将影响其健康、学习和工作,并对身心造成不良影响,妨碍体育活动的正常开展。因此,运动损伤的预防比治疗更为重要。只要我们对预防运动损伤的意义有充分的认识,掌握运动损伤的发生规律,认真总结经验教训,做好预防工作,就能很大限度地减少或避免运动损伤。

一、发生运动损伤的原因与预防

(一) 发生运动损伤的原因

1. 认识不足

运动损伤的发生,往往与锻炼者对预防运动损伤的认识不足有关,如错误地认为"运动损伤在所难免""运动损伤不过是些小伤小病,关系不大"等。在体育锻炼过程中不积极预防,发生损伤后也不认真分析研究、总结经验,此外,好胜心和好奇心强,生活经验不足,思想麻痹大意,脑子里根本没有防治的概念,不顾主客观条件盲目或冒失地进行活动,都容易发生运动损伤。有些人在体育运动中情绪急躁,急于求成,因而忽视了循序渐进、量力而行等原则。也有些人在体育锻炼中胆小畏难,过于恐惧、犹豫、紧张等,也是造成损伤的重要原因。

2. 缺乏准备活动或准备活动不充分

缺乏准备活动或准备活动不充分,是发生运动损伤的常见原因之一。

(1) 未做准备活动或做得不充分,神经系统和内脏器官没有充分动员起来,身体缺乏必要的协调性,肌肉的力量和伸展性都不够,因而容易受伤。

(2) 准备活动的内容与运动的基本内容结合不好,或缺乏专项准备活动,运动负担较重的部位功能没有改善,也很容易受伤。

(3) 准备活动的量过大,身体已经疲劳,当进入正式运动中,身体功能不是处于良好状态,而是状态下降,造成运动损伤。

(4) 准备活动距离正式活动时间过长,使准备活动和正式活动脱节,也容易造成运动损伤。

3. 动作技术不合理

动作技术的不合理是从事体育锻炼或学习新动作时发生损伤的主要原因。经过大量的调查发现,由于技术动作不正确而造成的受伤者很多。例如:学习排球中的传球技术时,因手型不正确而出现手指挫伤情况屡见不鲜;跑步时,落地缓冲动作掌握不好,呈冲击式着地,易致使膝和小腿损伤;投掷项目,在臂肘用力不合理时,常出现肩关节脱臼或肌肉拉伤。总之,技术动作中的错误,违反了身体结构功能的特点和运动力学原理,很容易造成运动损伤。

4. 运动量过大

运动量过大(尤其是局部负担量过大)、运动频率过大、过度训练也是造成运动损伤的主要原因。例如,在发展下肢力量练习时,在较近一段时间里过多地安排跳跃、蹲杠铃、跳台阶等,使下肢局部负担量过重,容易造成骨劳损。

5. 身体状况不佳

身体疲劳时生理功能相对降低,肌肉力量较弱,动作协调性下降;睡眠和休息不好,身体带伤、带病或伤病初愈,在这些情况下如果不适当地减少运动量,降低难度和强度,就容易致伤。

6. 场地、设备、着装的缺点

场地不平、有杂物,跑道过硬、过滑;器械表面不平、有裂缝或生锈、年久失修,器械大小、重量与运动者的年龄、性别等不适应,器械安装得不牢固、不稳定;运动者活动时着装不合适,鞋子大小不合适,鞋底过硬或过滑等,都容易引起损伤。

7. 环境光线不良,温度过高或过低

光线不良,影响视力容易造成损伤。气温过高,易产生疲劳、发生中暑;气温过低,使肌肉僵硬,动作协调性差;气候潮湿,易出汗,影响体内的水盐代谢,易发生抽筋和虚脱。总之,天气情况不良也是造成运动损伤的主要原因之一。

8. 动作受外力影响

运动时有意或无意地受到外力的影响,或运动中互相逗闹、动作粗野等,都会引起损伤。

(二)运动损伤的预防

1. 科学地进行锻炼和比赛

在进行锻炼和比赛时,要充分了解哪些技术动作容易发生损伤、哪些技术动作不易掌握,做到心中有数,事先做好预防准备;要全面加强身体锻炼,注意各方面的身体素质;要合理地安排运动量,尤其注意运动器官的局部负担量和伤后的锻炼问题;要避免"单打一"的锻炼方法,遵守循序渐进、区别对待的原则。学习动作和锻炼时,要从易到难,从简到繁,从分解到完整。更加需要注意的是,运动应根据运动者的年龄、性别、锻炼水平和健康状况等特点,具体安排,区别对待。一般以身体感觉舒适为原则。比赛时,要遵守规则、规程,不宜进行激烈的长时间的对抗性比赛。

2. 做好准备活动

首先运动者应在思想上重视,认真地进行准备活动。准备活动内容与量应依学习的内容而定,严禁不做准备活动而进入正式活动。同时,准备活动要有针对性,既要做一般性准备活动,也要做专项准备活动,准备活动的后部分应与该项活动紧密相连,机体兴奋性或气温较低时,准备活动更要充分,有伤部位活动时要小心。

准备活动的时间要适宜。人体对活动是有惰性的,这种惰性包括物理上和生理上的,克服这些惰性需要一定时间。动作越复杂,中枢之间传递所需的时间就越长,而自主性功能的惰性比躯体性的惰性还要大。因此,准备活动时间一般以 10～20min 为宜,或以身体发热、微微出汗为好。

准备活动一般应先做动力性或静力性的力量练习 3～5min,然后再慢跑 3～5min,最后进入伸展运动和快速运动。此外,在准备活动中进行肌肉的伸展练习对预防肌肉损伤也很有效。

3. 加强易受伤部位的锻炼和保护

加强易受伤部位和相对较弱部位的锻炼,提高这些部位的功能,是预防损伤的一种积极手段。例如,腰背部较易受伤,应加强腰部、肩背部肌肉的锻炼。从某种意义上讲,腹肌是腰背肌的对抗肌,而且是相对较弱的部位,尤其是腹部脂肪层较厚,腹肌力量不足,更易使背部过度后伸而致腰部损伤。因此,在进行腰背肌锻炼时,更要注意腹肌力量的锻炼。

预防膝关节损伤,必须加强大腿肌肉力量的锻炼,不仅要注意股四头肌,而且要注意大腿后部的肌腱,它们对增强膝关节的稳定性和保护膝关节有重要作用。在发展肌肉力量练习的同时要发展肌肉的伸展性练习,可防止肌肉拉伤。同时,相应地采用不同场地、器材的练习,增强关节周围的肌肉和韧带,以加强关节的稳定性。例如,在不同斜面上做跳跃练习,膝关节周围的肌肉、韧带受到不同力量的刺激,相应地得到了锻炼,增强了功能。所以,力量、协调、平衡感觉和适应能力都可以提高。

我们在进行锻炼和比赛中对易伤部位也应采取一些必要的自我保护措施。如在进行球类活动和比赛中,可佩戴护踝、护膝、护肘、护腕等必要的护具,以防止关节损伤。

4. 加强保护和自我保护

学生在学习难、新动作和参加比赛时,要掌握必要的保护和自我保护方法。如:摔倒时应立即屈肘、低头、团身,以肩背着地顺势滚翻,而不要直臂撑地;跳起落地时应以前脚掌着地、屈膝、下蹲以增加缓冲作用。同时,学生在尚未熟练掌握该项运动技术动作的方法和要领时,应设有帮助与保护者,以防止出现错误动作而损伤。

5. 加强医务监督以及自我监督

经常参加体育锻炼的人要定期进行体检,以便自我掌握身体状况,不断调整运动量。在参加较大型的比赛前,要进行补充检查,严禁带重病或身体不合格者参加比赛。伤病初愈的人和病情较轻者参加体育锻炼和上体育课时应根据医生的意见进行。

在进行体育锻炼过程中要进行自我监督,随时注意自己身体有无疲劳征象,如头晕、疲乏感等。特别要注意运动器官的局部反应,如局部肌肉有无酸痛、僵硬,关节有无疼痛等。当有不良反应时,就不宜加大运动量,也不宜练习难度较大的动作。要加强场地设备及个人防护用具的安全卫生检查,不应在不符合要求的场地上或穿着不合适的服装和硬底鞋进行活动。

6. 注意场地设备和服装卫生要求

对场地器械和保护用品要定期进行检查,对不符合要求的应及时维修,维修前一律禁止使用。进行体育锻炼时,应穿着运动服装和运动鞋或较为宽松的适宜运动的服装。

二、常见运动损伤的处理

运动损伤的种类很多,不同的项目各有其专项多发性伤害。对于一般的学校体育运动锻炼者,只要懂得一般运动损伤的原因与预防处理知识,掌握运动损伤发生的规律,就能把运动损伤降到最低程度,从而使得身体健康、体质增强。

(一)软组织损伤

1. 肌肉擦伤

(1)擦伤的原因:肌肉擦伤是指身体受粗糙物摩擦造成局部皮肤破损引起的出血点和组织液渗出的现象,如跑步时摔倒、体操运动时身体摩擦器械等。擦伤产生的主要原因是不注意科学的锻炼方法,粗心大意,场地太滑或在场地上发生冲撞等。容易发生擦伤的部位主要是小臂外侧、手掌、大腿外侧、膝盖及小腿外侧等。

(2)处理:轻度的小范围的擦伤,可用紫药水涂抹伤口;重度的大范围的擦伤并出血不止,应先把受伤肢体抬高,同时用手按压住流血部位上方的动脉血管(这些动脉血管用手触摸时会有动感)。大面积擦伤时要用生理盐水冲洗污染的伤口,再用消毒纱布覆盖伤口进行包扎处理或送医院。

2. 肌肉挫伤

(1) 挫伤的原因：肌肉挫伤是指钝性外力直接作用于身体某部位引起的闭合性损伤，产生的主要原因是运动时互相冲撞、被踢打或身体碰撞在器械上。发生的部位主要是四肢、小腿、足部、腰部等。

(2) 症状：①局部疼痛、肿胀，皮下出血，皮肤青紫。四肢、胸壁挫伤时应注意有无并发骨折。②胸部、腹部挫伤时，应注意有无伤及内脏器官。③睾丸与内脏器官有并发损伤时，患者常出现休克，其症状是头晕目眩、心慌气短、冒虚汗、皮肤苍白、四肢发凉、烦躁不安、脉搏弱而快，甚至丧失自制力。

(3) 处理：发生肌肉挫伤后要马上停止锻炼，根据情况及时处理。也可以外敷消肿止痛、活血化瘀的药膏（如吲哚美辛巴布膏、复方南星止痛膏等）。

(4) 预防：肌肉挫伤往往在接触性的运动中发生，因此可以通过穿戴保护设备来预防肌肉挫伤。如：从事足球运动时可戴护胫板等。另外，锻炼前应做好充分的准备活动；练习时不要用力过猛，以防超过肌肉、关节、韧带的负荷限度。

3. 肌肉拉伤

(1) 拉伤的原因：肌肉主动猛烈收缩或被动牵张而造成的肌肉微细损伤、肌肉部分撕裂或完全断裂，都属于肌肉拉伤。引起肌肉拉伤的主要原因是：运动前没有充分做好准备活动、肌肉力量及弹性差、肌肉疲劳、肌肉僵硬或运动量过大等致使肌肉用力不协调或功能状态不佳、动作不正确等。

(2) 症状：①疼痛或局部有压痛和肿胀，并且活动幅度受限制；②肌肉、韧带撕裂时，局部肿胀或皮下出血，断裂处可触摸到凹陷，活动明显受到限制。

(3) 处理：原则上与挫伤相同，对于肌肉部分撕裂者，应使伤处置于完全放松的位置，抬高伤肢，用冷麻醉剂（氯乙烷）喷射，局部加压包扎；肌纤维完全撕裂者，立刻送到医院缝合固定。

(4) 预防：主要针对发生的原因进行。例如，大强度运动前要做好准备活动，尤其是易拉伤部位的准备活动；体质较弱者练习时要量力而行，防止过度疲劳和负荷太重；要提高动作技能的协调性，不要用力过猛；改善锻炼条件，注意练习场所的温度，冬季在野外锻炼时要注意保暖，不可穿着太薄，要注意观察肌肉的反应，如肌肉的硬度、韧性、弹力、疲劳程度等；肌肉拉伤后重新参加锻炼时要循序渐进，切勿操之过急，并要加强局部保护，防止再度拉伤。

（二）关节、韧带扭伤

(1) 关节、韧带扭伤的原因：由于外力使关节活动超出正常生理范围，因而造成关节、韧带的扭伤。因作用力的大小不同，可能造成关节韧带单纯性扭伤，部分撕裂或完全断裂，有些还可能并发骨折及半月板损伤。其产生的主要原因是：粗心大意，动作不正确或场地不平，碰撞、落地时失去平衡，用力过猛等。受伤的主要部位是四肢关节处、腰部、肘部、踝、膝等关节处。

(2) 症状：①疼痛、肿胀，有皮下出血者可清晰见到青紫；②伤及关节滑膜或关节的装置（如半月板）时，则关节发生肿胀，局部压痛，牵引受伤的韧带时感觉疼痛加重；③韧带完全撕裂时可发现关节间隙加宽或超过正常活动幅度（应与正常一侧对照检查）；④检查时若摸到撕脱小骨片，或按压时疼痛加剧，应考虑是否有骨折；⑤若膝关节扭伤时，关节肿胀，伤员诉说关节内有时像有东西卡住的感觉,不能屈伸膝关节,应考虑是否有半月板的损伤。

(3)处理:轻度扭伤者有轻微疼痛,关节活动没有障碍,暂停锻炼一两周后疼痛逐渐消失而痊愈;重度扭伤者有剧烈疼痛,关节不能活动,受伤部位逐渐肿大,呈青紫色,此时应用冷敷,每隔3~4h进行一次,每次5~8min,然后用绷带包扎,但不要扎太紧。

(4)预防:运动者在容易受伤部位加一些支撑保护带,例如在足球运动中运用护膝,在篮球、网球运动时运用护腕;避免在不平整的场地上锻炼;减少篮球、足球运动中的一些冲撞动作;平常多做些加强关节肌肉伸展性能的锻炼,以增大肌肉对关节的支持力。

(三)脱臼

(1)脱臼的原因:发生脱臼的主要原因是由于外力作用和用力过猛,韧带和关节拉伤或断裂,使关节面脱离了正常的位置。常见的部位在肩关节和肘关节。

(2)症状:关节外部变形,剧烈疼痛,关节功能丧失,受伤的关节完全不能活动,四面畸形,关节脱位后肢体的轴线发生变化,如肩关节脱位时出现的"方肩"。

(3)处理:可以先做冷敷,扎上绷带保持关节固定不动,然后去医院处理。

(四)骨折

(1)骨折的原因:骨的完整性受到破坏称为骨折。它产生的主要原因有:第一种是直接暴力,如足球运动员的胫骨受到对方蹬踢而发生胫骨骨折;第二种是间接暴力,如摔倒时,手撑地而发生锁骨或前臂骨折;第三种是牵拉力,因肌肉强烈收缩引起,如举重时提起杠铃突然进行翻腕动作,发生肱骨内上髁撕脱骨折;第四种是积累性暴力,因劳损的积累导致疲劳性骨折(如胫骨疲劳性骨折)。

(2)症状:骨折后的症状主要表现为伤后无力、疼痛、肿胀、皮下淤血、功能丧失、出现畸形和假关节、有压痛和震痛感等。

(3)处理:现场急救对骨折的愈合和将来肢体功能恢复非常重要。骨折发生后要立即停止伤肢的活动,并选择相对安全的地方休息,可就地取材,选择硬木板、树梗、绷带等物品对骨折部位进行包扎。固定包扎时,动作要轻、缓慢,不要乱拉乱拖,以免造成严重的错位,影响整复。包扎固定后,应去医院接受进一步的治疗。

(4)预防:在剧烈运动中,尽量减少冲撞性的动作,尤其是作用时间短、强度大的动作是骨折发生的最危险因素,比如足球运动中腿部受到冲撞,胫腓骨极易发生骨折。进行体操动作练习时腕部舟状骨容易发生骨折。总之,避免剧烈运动中的碰撞,骨折的发生率将大大降低。

(五)脑震荡

(1)脑震荡的原因:头部受到外力打击或碰撞到坚硬物体时,脑神经细胞和神经纤维受到过度震动,称为脑震荡。根据受伤的反应,脑震荡可分为轻、中、重三种。①轻度脑震荡者受伤后只有短时间的头晕、眼花、眼前发黑,过后没有其他不舒服的感觉。②中度脑震荡者受伤后可发生数分钟至1h的昏迷。大部分病人在清醒后有头晕、头痛、恶心等现象,数日或更长时间不能消失。③重度脑震荡者昏迷的时间在1h以上,有些病人数日不能清醒,清醒后头晕、头痛、呕吐、记忆力下降。

(2)急救处理方法:轻度脑震荡的病人,要立即停止锻炼,安静卧床休息,一两天后如无其他异常症状出现,可以一星期后参加适当的身体锻炼。对中度和重度病人,要使其保持绝对安静,仰卧在平坦的地方,头部冷敷,注意保暖,及时送医院治疗,护送途中要尽量避免震动和颠簸。

第三章 体育竞赛与组织

第一节 体育竞赛分类与方法

体育竞赛是指有目的、有组织、有计划的各种体育比赛的总称。它是体育运动的一个重要特点。体育竞赛不仅是运动员为了争取优胜而进行的个人或集体的对抗,而且还推动了人类政治、经济、科技、文化和教育的进步,已成为现代文明社会生活中不可缺少的内容。

一、体育竞赛的分类

体育竞赛的分类方法很多,根据竞赛的目的、任务,通常分为以下两类。

(一)综合性竞赛

一般称为运动会,它是一系列单项竞赛的综合,如奥运会、亚运会、大学生运动会、全国运动会等。它的特点是项目多、规模大、影响也大,但组织工作较复杂。

(二)单项竞赛

单项竞赛是指某一个项目的比赛,一般分为6种。

1. 锦标赛

锦标赛一般要求参赛者具有一定的水平,如个人项目要求达到规定标准,集体项目要求取得过规定的名次。

2. 联赛

联赛指按规定定期举行的比赛,如全国足球甲A联赛、全国篮球甲级联赛等。

3. 杯赛

杯赛指用特定名称命名奖杯的比赛。

4. 对抗赛

对抗赛指几个单位联合组织,并经协商按同等条件参加的比赛。其特点是规模不大,便于节假日和业余时间进行,目的在于相互学习、共同提高。

5. 测验赛

测验赛指为了达到一定的标准或了解运动员的训练水平而组织的比赛。其特点是比赛必须按规则和测验要求进行,这种比赛一般不重名次,只记录测验成绩,目的是检查教学训练效果和运动成绩情况。

6. 选拔赛

选拔赛指为了选拔某一项目的优秀运动队或运动员而组织的比赛。

除上述6种外,单项竞赛还有邀请赛、表演赛、及格赛、友谊赛等。

二、体育竞赛的方法

通常采用的方法有顺序法、轮换法、淘汰法、循环法和混合法。

(一)顺序法

顺序法是指按规定的顺序依次进行比赛的方法,包括分组顺序法和不分组顺序法两种。分组顺序法是指把参赛者分成若干组,分批进行比赛,按预赛、复赛、决赛成绩决定出名次。也有采用一次比赛(决赛)决定名次的,但它必须是以客观标准(如时间、距离、命中环数等)评定成绩的项目。不分组顺序法是指在某一比赛时间和场地内,不能在有两人以上同时进行比赛的项目中使用,在规定次数中按最好成绩决定出名次,如田径比赛中跳高、跳远、标枪等。顺序法的优点是参加者的竞赛条件相同,对抗因素强,竞争气氛浓,有利于创造成绩;缺点是费时较多。

(二)轮换法

轮换法是指参加者在规定的比赛时间内进行不同项目,并按预定的轮换顺序进行轮换,直至全部比赛项目进行完毕,再依据各项目的成绩决定出总名次和各单项名次。轮换法一般在竞技体操、综合性多项目比赛中采用。轮换法的优点是竞赛所需要的时间短,缺点是比赛的条件不完全均等。各队轮换顺序有利有弊,竞争气氛不浓。

(三)淘汰法

淘汰法是指逐步淘汰失败者,使胜者按计划进入下一轮比赛,最后决定出有限名次的一种竞赛方法。淘汰法分为单淘汰、双淘汰两种。为了避免强手在初赛中相遇,一般把强手定为"种子",用"种子法"编排。淘汰法的优点是能在较短时间内结束比赛;缺点是学习交流机会少,除能较合理地赛出冠、亚军外,很难客观合理地定出其他名次。淘汰法主要是在参赛队或参赛人数较多、比赛时间较短、场地小的条件下采用。

1. 单淘汰

单淘汰是失败一次即被淘汰的赛制。编排时必须要让第一轮参赛队或参赛人数的编号数为2的乘方数,即$4(2^2)$、$8(2^3)$、$16(2^4)$、$32(2^5)$……其比赛轮次就是2的乘方数。如8个队参赛,选用的号码位置数$8=2^3$,比赛轮次则为3轮。比赛场地 = 参赛队 -1,即全部赛程有7场比赛(见图3-1)。

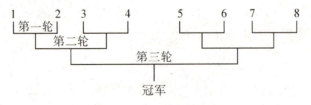

图3-1 8队单淘汰编排表

如果参加比赛的队(人)数不足 2 的乘方数时,可选择最接近的且又比实际参赛队(人)较大的 2 的乘方数作为号码位置数,使到第二轮时比赛的队(人)数正好是 2 的乘方数。例如,14 个队参加比赛选用号码数应为 16(2^4),为 4 轮。轮空队只能放在第一轮,轮空数 = 选用号码位置数 – 实际参赛队数,轮空号码位置应均匀地分布在各个区(组)内,强队一般在编排时被确定为"种子队","种子队"优先轮空。以 6 个队参加比赛为例,选用号码位置数应为 2^3 = 8,轮空数 = 8 – 6 = 2,这两个轮空位置就应分别安排在图 3 – 2 中上区的②号位和下区的⑦号位。在参赛的 6 个队中,确定两个强队为"种子队",这样"种子队"在第一轮比赛中就应放在上区的①号位和下区的⑧号位,他们在第一轮比赛轮空,直接进入第二轮比赛。

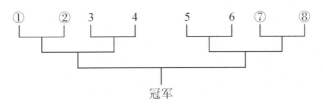

图 3 – 2　6 个队单淘汰轮空安排表

2. 双淘汰

双淘汰是指参加比赛的队(人)在比赛中失败 2 次即被淘汰的赛制。它的编排与单淘汰相似,它的总场数的计算为:总场数 = (队数 – 1) + (队数 – 2)。以 8 个队为例。

场数 = (8 – 1) + (8 – 2) = 13(场)。

(四)循环法

循环法是指参加比赛的队(人)按一定的顺序逐一相遇比赛,最后根据胜负场数的积分多少决定名次的一种竞赛方法。循环法分为单循环、双循环、分组循环三种赛制。

循环法的优点是比赛的机会多,有利于学习提高,名次确定也比较合理;缺点是比赛场次多,时间拉得长,运动员易疲劳。

1. 单循环制

单循环制是指所有参赛队相互比赛一次。它的轮次计算方法是:如果参赛队是奇数,则轮数 = 参赛队数;如果参赛队是偶数,则轮数 = 参赛队数 – 1。它的场数计算方法为:场数 = [队数×(队数 – 1)] ÷ 2。例如,8 个队参加比赛,则轮数 = 8 – 1 = 7 轮,场数 = [8×(8 – 1)] ÷ 2 = 28 场。它的编排方法是用阿拉伯数字代表各个队,等量分布为左右两列,左列由上往下排列,右列由下往上排列,然后用横线连起即为第一轮相遇的两个队。从第二轮开始 1 号位固定不动,其他位置逆时针方向轮转一个位置,即第二轮比赛顺序。依此类推至轮数全部排定。如果参加队为单数,则用"0"补码占位,与"0"相遇则为轮空(表 3 – 1)。

表 3-1 8 个队参赛编排

第一轮	第二轮	第三轮	第四轮	第五轮	第六轮	第七轮
1—8	1—7	1—6	1—5	1—4	1—3	1—2
2—7	8—6	7—5	6—4	5—3	4—2	3—8
3—6	2—5	8—4	7—3	6—2	5—8	4—7
4—5	3—4	2—3	8—2	7—8	5—7	5—6

轮次排完后，由各个队抽签，然后将各队签号填入轮次表，结合比赛日期、时间、地点、场地、裁判，这样就排出了竞赛日程表。

2. 双循环制

双循环制是指每队之间相遇两次，最后按各队在两个循环的全部比赛积分、得失分率排列名次。双循环制宜在参赛队（人）不多，比赛时间又较充裕的情况下采用。编排方法与单循环一样，只是比赛场次比单循环制增加一倍。

3. 分组循环制

分组循环制是在参赛队（人）较多而比赛时间又较少的情况下常采用的竞赛方法。分组循环制一般将比赛分为两个阶段，在预赛阶段把参赛队平均分成若干组，强队作为"种子队"平均分布到各个组；决赛阶段可采用单循环赛、同名次赛、交叉淘汰赛的方法。总之，根据需要以及时间、场地、裁判等条件决定第二阶段赛制，排出名次。

（五）混合制

混合制竞赛方法是指将淘汰制和循环制结合运用的一种竞赛方法，一般将比赛分为预赛与决赛两个阶段。预赛阶段将参赛队平均分为若干小组，先进行淘汰或循环的方法，各小组优胜者进入决赛阶段。决赛阶段采用循环或淘汰制，决出最后所需要的名次。其编排方法同淘汰制和循环制。

第二节　体育竞赛名次评定

一、篮球

篮球比赛评定名次的方法是：胜一场得 2 分，负一场得 1 分，全部比赛后积分高者名次列前。如果两队积分相等，则按两队之间比赛的胜负决定名次，胜者名次列前。如两队以上积分相等，则按它们的相互比赛的场次决定名次，胜场多者名次列前。如胜负场数相等，则按他们之间比赛时的得失分率（即总得分÷总失分）排列名次，得失分率高者名次列前。如仍相等，则按他们在全组内所有比赛的得失分率排列名次。

二、排球

排球比赛名次的评定方法是：胜一场得 2 分，负一场得 1 分，积分多者名次列前。如遇两队或两队以上积分相等，则采用下列方法决定名次：

$$A(胜局总数)/B(负局总数) = C(值)$$

C 值高者名次列前,如 C 值仍相等,则采用:
$$X(总得分数)/Y(总失分数) = Z(值)$$
Z 值高者名次列前。

三、足球

足球比赛评定名次的方法是:胜一场得 3 分,平一场得 1 分,负一场是 0 分,积分高者名次列前。如两队或两队以上积分相等,则按其在同一循环的净胜球多少决定名次(净胜球为本队攻进球总数 − 本队被进球总数),净胜球多者名次列前。净胜球相等,则按其在同一循环全部比赛中进球总数决定名次,进球总数多者名次列前。如仍相等,可以抽签或其他方式决定名次。

四、乒乓球

乒乓球单项比赛一般采用淘汰赛进行,团体赛一般采用先分组循环制进行。

乒乓球的名次确定方法是:胜一场得 2 分,负一场得 1 分,弃权为 0 分,积分高者名次列前。如同组中两队或两队以上积分相同,则看他们之间比赛成绩决定。先计算他们之间获得的场次分数,分高者列前。如仍相同,则计算个人比赛场次(团体赛中)、局和分的胜负率,直到算出名次为止。如果在任何阶段已经决出一个或更多队的名次后,而其他队仍然得分相等,为决定相同分数队的名次,在根据上述程序计算时,应将已决定出名次的队的比赛成绩删除。若仍不能决定这些队(人)的名次时,将只能抽签决定名次。

现在乒乓球团体比赛形式是一个队由三名运动员出场。比赛顺序如图 3 − 4 所示。

主队		客队
A	—	X
B	—	Y
C	—	Z
A	—	Y
B	—	X

图 3 − 4 乒乓球团体比赛顺序

五、羽毛球

羽毛球比赛是按获胜场数决定名次。在同一循环中,获胜场数多者名次列前。两队若获胜场数相等,则两者间比赛的胜者名次列前。若三队或三队以上获胜场数相等,则按在该组比赛中的净胜局数决定名次。如仍相同,则以抽签决定名次。

羽毛球团体常用的比赛形式为三场制、五场制。

三场制:每队 2~4 人参加比赛,两人单打,一对双打(可由单打队员兼赛),共赛 3 场。比赛顺序是:单、双、单。采用三场两胜制。

五场制:每队 4~9 人参加比赛,三人单打,两对双打(可由单打队员兼赛)。共赛 5 场,顺序为:单、单、双、双、单。采用五场三胜制。

六、田径

田径比赛团体总分名次是按参赛队的队员所获得分的总和决定名次，总分高者名次列前。如遇得分相同的队，一般按破纪录情况，破纪录项多者名次列前。若仍相等，则按获得单项高名次情况决定，获高名次多者，名次列前。

在田径比赛单项名次的决定中，径赛均以决赛成绩排列名次，优者名次列前。在预赛和复赛中，涉及进入下一赛次的运动员成绩相等时，有关运动员均进入下一赛次；如条件不允许，则以抽签决定进入下一赛次。决赛中如出现第一名成绩相等，裁判长有权决定成绩相等的运动员重赛一次；如无法重赛则名次并列，其他名次相等的也可以并列。在手计时决定成绩出现相等时，根据判读的 $1/100s$ 成绩决定名次。

田径高度项目中，以运动员最后试跳成功的高度决定名次，优者名次列前。如成绩相同，则由最后跳过的高度上试跳次数决定名次，试跳次数少的名次列前。若成绩仍相等，则在全部比赛中试跳失败次数少者名次列前。如果成绩仍相同，且涉及第一名时，则由成绩相同的运动员在造成其成绩相等的失败高度中的最低高度上，每人再试跳一次。如仍不能判定，则按宣布的升高计划，将横杆升高或降低一个高度进行试跳，在每一高度上试跳两次，直到决出名次为止；若涉及其他名次，则成绩相等的运动员名次并列。

在田径运动项目中，运动员以预决赛 6 次试跳（掷）中最好的一次成绩排列名次。如成绩相等，则应以次优成绩判定名次。如次优成绩相等，则以第三较优成绩判定。依此类推，如果仍相等，且涉及第一名者，则令成绩相等的运动员按原比赛顺序进行新的一轮试跳（掷），直到决出名次为止。

第三节　体育竞赛的工作常规

主办体育竞赛是一项复杂、严密且细致的组织管理工作。为了充分发挥体育竞赛的作用和顺利完成体育竞赛的任务，在组织一项体育竞赛过程中，必须做好以下工作。

一、制订计划

体育竞赛活动计划是在单位主管领导下，由有关职能部门根据上一级有关部门年度竞赛计划，按照本单位的实际情况，并与本单位其他有关部门协商后制订的。计划制订后，报请上级领导批准后执行。竞赛计划内容包括竞赛的项目、种类、时间、规模、地点、参加人数及主办单位和承办单位。制订计划时应注意以下几点。

第一，要根据本单位实际情况，优先安排本单位传统项目和重点项目。

第二，要尽早确定竞赛日期并予以公告，以利于参加者有计划地进行练习。

第三，竞赛计划要兼顾工作与学习的需要，根据季节和气候特点，充分利用节假日合理安排，避免竞赛时间过分集中。

第四，计划应详细考虑不同层次群众的基础，项目确立要注意其可行性、合理性。

第五，计划制订后，为便于更好地执行，要列出竞赛工作进度表，以便及时检查落实。

二、制订竞赛规程

竞赛规程实际上是实施竞赛计划的细则，它是体育竞赛指导性文件，是竞赛工作进行的依据,是所有参赛单位和个人必须遵守的章程。竞赛规程由主办单位根据竞赛计划和竞赛目的而制订。该规程必须注意简明、准确,一般应于比赛前几周或更长一些时间发给各参加单位,以便各单位提早组队训练,做好参赛前的准备工作。

竞赛规程主要包括竞赛名称、目的和任务、主办单位、日期与地点、参加单位、参加办法(参加资格、人数、分组)、比赛办法(规则、比赛制度、名次如何确定)、录取名次与奖励办法、报名手续及截止日期、抽签时间和地点、报到时间、经费要求以及必要的特别规定和其他事项。

三、比赛的组织工作

1. 确定组织机构

为了搞好体育竞赛,完成竞赛任务,在组织竞赛活动时,首先应在单位主管部门领导下,建立相应的领导机构,负责组织和领导竞赛工作。领导机构的大小,根据竞赛活动的类别和规模而定。如称组织委员会或称领导小组,其中可设立主任一名,副主任若干名(或组长、副组长)。在组委会领导下,分别设立有关办事机构,如秘书处、竞赛组、宣传组、财务组、后勤组、保卫组、场地组等,分别负责各组所属工作。如:竞赛组负责大会裁判工作的学习和培训,统一裁判要求和工作方法,熟悉各种表格与用具,编排竞赛秩序、规划和安排有关场地设备等,这些都是竞赛的核心,要努力做到万无一失,为保证运动员创造优异成绩发挥积极作用。

2. 召开有关会议

为了比赛的圆满顺利进行,比赛期间应通过会议形式使主办者与参与者之间进行沟通。一般会议设有组委会、成员会、领队会、技术会。有关比赛的筹备情况,比赛的规模、特点、要求,运动员的参赛资格,体育道德风尚奖的评比等问题,可通过组委会、领队会予以通报和布置。有关比赛的赛制、赛次、裁判情况、判罚尺度、规则说明解释、录取名次与评定方法、参赛时间、服装等涉及比赛的具体要求和情况通过技术会向各队领队、教练员通报。只有主办者和参与者共同努力,才能保证竞赛的成功。

3. 编印竞赛秩序册

竞赛秩序册是组织比赛顺利进行的日程表,比赛的人员、日期、时间、分组、比赛队、场地、裁判员都列在其中,一目了然。它是比赛组织者应下发到各参赛单位、大会各工作机构的重要文件。秩序册包括的主要内容有竞赛规程、大会组织机构名单、仲裁组和技术代表名单、裁判员名单、大会作息时间、各代表团(队)名单(号码)、竞赛日程表、竞赛分组表、男女最高纪录表、各单位参加人数统计表、场地平面示意图等。基层小型运动会秩序册内容可酌情减少,但运动员的号码对照表、竞赛日程表、竞赛分组表三者绝不可少。

4. 场地器材用具的准备

竞赛所需的场地器材必须在比赛前准备到位,并要求做到符合正式比赛规定的标准。正式开赛前,大赛的技术代表、裁判长要对场地、器材标准、安全措施等进行认真检查和落实。比赛中,由场地器材组具体负责对场地器材的布置、维护和保管。

5. 组织裁判学习

竞赛活动中,裁判员队伍的思想素质与业务水平高低,是保证比赛能否圆满顺利进行的关键,思想作风好和业务能力强是大会挑选裁判员的准则。根据比赛的性质、规模,裁判员队伍可大可小。无论裁判员队伍大还是小,赛前竞赛组必须对裁判员做好学习培训工作。培训内容主要有两部分:一是思想作风培训,要求做到公正无私、严守纪律;二是业务水平培训,要求做到熟悉规则、判罚准确。学习中要尽量安排裁判员临场实习,使可能出现的问题在比赛前得到发现和解决,裁判长对每位裁判员的各方面素质要做到心中有数,合理安排。

6. 比赛期间的工作

比赛开始后,要严格按照秩序册的编排组织比赛,并随时注意比赛的进程情况,出现问题按照规则精神和规程要求进行解决。大的问题可召开技术会议协商,及时向各参赛队领队、教练员通报。每天比赛结束,要迅速将当天比赛成绩公布,有条件的要及时印发给各单位。

比赛优胜者的成绩证书和奖牌在赛前要准备到位,奖品颁发的时间与形式可赛前规划好。颁奖是体育竞赛的一个重要部分,既是对取得优异成绩的参赛队(人)精神上的鼓励与奖励,也是对比赛大会很好的宣传,应予以重视。

7. 比赛结束阶段的主要工作

各部门召开竞赛工作总结;场地器材的整理、维护与维修;各类资料的整理与归档;向上级组织汇报竞赛情况。

中 篇

运动项目学练篇

第四章 田径运动

国际业余田径联合会章程将田径运动定义为：田径运动是由田赛和径赛、公路赛、竞走和越野赛组成的运动项目。人们通常把以时间计算成绩的竞走和跑的项目称为"径赛"，把以远度和高度计算成绩的跳跃和投掷项目称为"田赛"。"田赛"和"径赛"合称为田径运动。

第一节 田径运动概述

一、田径运动的起源

（一）径赛运动项目的起源

短跑起源于欧洲，当时设有100码、330码、440码跑项目，19世纪末赛跑距离由码制改为米制。最初的中距离跑项目是880码跑和1英里跑，从19世纪中叶开始，被800m跑和1500m跑项目所替代。长跑则有3英里跑、6英里跑，到19世纪中叶改为5000m跑和10000m跑。跨栏跑，起源于英国，由牧羊人跨越羊圈栅栏的游戏演变而来，1935年有人将T形栏架改成L形栏架。接力跑，是以队为单位，每队4人，每人跑相同的距离。接力跑的起源有很多种说法，有的认为起源于古代奥运会祭祀仪式中的火炬传递，有的认为起源于非洲的"搬运木料"游戏，还有人说它是由邮驿演变而来。马拉松，全程42.195km，原为希腊的一个地名，公元前490年，希腊军队在马拉松平原击退波斯军队的入侵，传令兵菲迪皮德斯从马拉松镇跑到雅典城，在报告胜利的消息后，因体力衰竭倒地而亡。为纪念这一事件，在1896年举行的现代第1届奥林匹克运动会上，设立了马拉松赛跑这个项目。

（二）田赛运动项目的起源

1. 跳跃项目的起源和沿革

跳远起源于古希腊奥林匹克运动，第1届现代奥运会上就设置了男子跳远项目，腾空动作从蹲踞式发展到挺身式、走步式。跳高技术动作经历了跨越式、剪式、滚式、俯卧式和背越式5次重大演变。撑竿跳高的发展则经历了木质竿、竹竿、金属竿和玻璃纤维竿几个历史时期。

2. 投掷项目的起源和沿革

铅球起源于14世纪40年代，当时欧洲有了火炮，炮兵们为了提高作战能力、锻炼身体和娱乐，利用与炮弹重量相同的石头进行推远比赛。标枪是四大投掷项目中唯一允许助跑的项目，最早的标枪比赛出现在古希腊奥林匹克运动会上的五项运动中，当时不但比掷远，还比掷准。铁饼是一项古老的运动项目，早在公元前708年第18届古代奥运会上，掷铁饼就被列为五项竞技项目之一。

（三）全能运动的起源

1880年，现代全能运动出现在美国。当时十项全能由100码跑、铅球、跳高、800码竞走、16磅链球、撑竿跳、120码跨栏跑、56磅重物投掷、跳远和1英里跑等10个单项组成,比赛持续一整天。现代全能运动比赛2天(男子十项全能比赛第一天:100m跑、跳远、铅球、跳高、400m跑;第二天:110m栏、铁饼、撑竿跳、标枪、1500m跑。女子七项全能比赛第一天:100m栏、跳高、铅球、200m跑;第二天:跳远、标枪、800m跑)。

二、田径运动的特点

1. 比赛项目多

田径运动仅奥运会正式比赛就有超过40个单项,包括走、跑、跳、投和全能,可以全面发展运动员各项身体素质,使其掌握多种运动技能。田径运动是各项体育运动的基础。

2. 影响力度大

田径运动除单独进行比赛外,世界上各种级别和类型的综合性运动会都将田径设为主要比赛项目。由于田径比赛按单项设奖和计分,奖牌数近130枚,总分达1600多分,因此往往决定着参加单位的比赛名次。田径运动也是衡量一个国家和地区体育运动水平的主要标志。

3. 竞争性强

田径运动要求运动员在最短时间内表现出最大的速度和力量,或在较长时间内持续运动,因此,运动强度大,竞争非常激烈。

4. 兼具个体性与群体性

田径运动主要以个人为单位参加比赛,此外,还有以队为单位参加的接力赛、越野跑、竞走团体赛,团体总分和名次是由个人得分和名次相加决定的。

三、田径运动的锻炼意义

田径运动包括走、跑、跳跃、投掷以及由跑、跳跃、投掷的部分项目组成的全能运动,能有效地锻炼速度、力量、耐力以及灵活性、协调性等身体素质,增强体质,获得运动技能,培养意志品质。长时间竞走和慢跑,使全身肌肉参加活动,可加速新陈代谢,增强心血管系统、呼吸系统和其他系统的能力,有效地锻炼耐久力和培养意志品质。中长跑使心血管、呼吸等系统的活动更加强烈。跳跃练习能提高控制身体和集中用力的能力,有效地发展弹跳力、力量、速度、灵敏性、协调性,培养勇敢精神。投掷项目能有效地发展臂部、肩膀、躯干和腿部等肌肉的力量。全能运动能更加全面地提高身体素质,更加全面地掌握田径运动技术,更好地锻炼一般耐力,培养顽强的意志品质。

"田径运动是基础""田径是体育运动之母",这些俗语肯定了田径运动对增强人类体质、对竞技的重要意义,告诫人们要重视和采用田径练习来锻炼速度、力量、耐力等身体素质,达到增强体质和提高专项成绩的目的。

四、我国田径运动的发展

田径运动在我国已有八九十年的历史。1949年以前,由于经济落后,田径项目仅在一些学校中有所开展,运动水平很低,有的项目甚至没有开展。

1949年以后,田径运动有了较快的发展。1953年,我国举行了第一次全国性田径比赛,以后每年都举行全国田径运动会。1957年,郑凤荣以1.77m创造了女子跳高世界纪录。1965年是我国田径运动水平提高最快的一年:陈家全100m跑出10s的优异成绩,平了世界纪录;倪志钦以2.25m名列当年男子跳高世界第一;崔麟110m跨栏跑以13.5s的成绩并列当年跨栏跑世界之首。这一年共有17人在11项比赛中进入世界前10名。1970年,倪志钦创造了男子跳高世界纪录(2.29m)。1983—1984年,朱建华以2.37m、2.38m、2.39m三创男子跳高世界纪录。此外,1983年,我国女子竞走运动员徐永久、闫红、关平、李素杰等多次获得世界冠军并接连打破世界纪录,使我国的竞走项目跃居世界前列。在2004年雅典奥运会男子110m栏的比赛中,刘翔以12.91s的成绩夺得金牌,追平了由英国名将科林·杰克逊1993年8月20日在德国斯图加特创造的12.9s的世界纪录。这枚金牌是中国男选手在奥运会上夺得的第一枚田径比赛金牌。在2006年7月12日国际田联超级大奖赛洛桑站比赛中,刘翔以12.88s的成绩打破了尘封13年之久的12.91s的男子110m栏世界纪录。

第二节 田径运动项目

一、跑步

跑是单脚支撑与腾空相交替,蹬与摆相配合的周期性运动。跑可以分为短距离跑、中长距离跑、接力跑、跨栏跑等。

(一)短距离跑

短距离跑简称"短跑",是用最快的速度跑完规定的距离。短跑是一项典型的发展速度的运动项目,要求人体运动器官和内脏器官在缺氧的条件下,完成最大强度的工作,属于极限强度的运动。短跑比赛项目有男子、女子100m、200m、400m。

短跑的技术一般包括起跑、途中跑和终点冲刺三个环节。其中途中跑是全程跑技术的主要环节,也是决定短跑成绩的重要因素。

1. 起跑

起跑包括起跑前的准备姿势和起跑动作,要求反应快、起动有力,使身体由静止状态获得最大向前冲力(初速度)。因此,起跑技术对全程速度和成绩影响很大。

短跑的起跑按田径规则必须采用蹲踞式起跑,它包括"各就位""预备""鸣枪"(跑)三个过程,如图4-1所示。

(1)"各就位"。当运动员听到"各就位"的口令后,要轻松、有信心地走到起跑线前,把有力的脚放在前面,身体下蹲,两手在起跑线前撑地,两脚前后分开约一脚半的距离,左右距离大约为10cm,后膝跪地,两臂伸直,两手相距与肩同宽或稍宽于肩。四指并拢与拇指成八字形张开,虎口向前,头微低,颈放松,肩约与起跑线平齐,背微弓,两眼看前下方40~50cm处,注意听"预备"的口令。

(2)"预备"。当听到"预备"的口令后,两脚用力后蹬,后膝抬起,臀部提起稍高于肩,背微隆起,重心前移,两肩稍过起跑线。这时重心要落在两臂和前腿上。前后腿、大小腿的夹角分别约为90°和120°,注意力高度集中听"枪声"。

(3)"鸣枪"(或跑)。当听到枪声后,两手迅速推离地面,屈肘前后有力摆动,同时两腿快而有力地蹬地,然后后腿以膝部领先迅速向前上方摆动。前腿充分蹬直,使髋、膝、踝关节

图 4-1 蹲踞式起跑

成一直线,上体保持较大前倾。后腿前摆至最大程度后,大腿积极下压,用前脚掌在身体重心投影后下方落地。刚开始跑时注意步幅不宜过大,上体要逐渐抬起。

2. 途中跑

途中跑距离长、速度快,是全程跑中最重要的部分,其任务是发挥和保持快速跑到终点,要求跑得放松,腿部动作幅度大,步频快,前脚掌积极而富有弹性地落地,用踝、膝积极缓冲过渡到后蹬。后蹬时,摆动腿迅速有力地向前方摆出,以增大支撑腿的支撑反作用力和加快蹬地的速度。后蹬角约为50°(见图4-2)。两臂的摆动有助于维持身体平衡、加快步频和加大步幅。摆臂时两手半握拳,肘关节自然弯曲成90°,以肩为轴快速有力地前后摆动。跑动中面向前方,目视终点,颈部放松,躯干保持正直或稍前倾。

总之,途中跑应协调用力,充分发挥肌群的力量,以获得最佳效果。

图 4-2 后蹬角

3. 终点冲刺

终点冲刺是全程跑的最后一个环节,一般为15~20m。它的主要任务是动员全身的力量,以最快速度跑过终点线。终点冲刺的主要技术之一是撞线,在距终点线最后一步时,上体迅速前倾,用胸部或肩部撞终点线,并迅速地跑过终点。撞线动作应在后蹬时进行,不要跳起撞线。撞线动作的好坏,对名次决定有较大的影响,因此不能忽视(见图4-3)。

4. 200m、400m 跑的技术特点

200m 和 400m 跑是在弯道上起跑的,因而起跑器的安装有别于直道,其位置在跑道外沿,起跑器的支撑面正对弯道切点。"各就位"时练习者的左手撑在起跑线后沿5~10cm处,身体正对切点,目的在于起跑后有一段距离是直线跑,距离最短,易进入弯道跑(见图4-4)。200m 和 400m 跑有一半以上的距离是在弯道上进行的,为有效克服离心力,在进入弯道跑之前,身体应逐渐向左倾斜,进入弯道后加大倾斜角,右肩高于左肩,右臂摆幅大,稍向前,左臂摆幅小,稍向后;右腿向前上方摆动时,膝稍内扣,前脚掌内侧着地;左脚向前上方摆动时,膝稍外

图 4-3　撞线

展,用前脚掌的外侧着地。跑出弯道前,逐渐减小身体向内倾斜的程度。进入直道后,身体恢复正常姿势。

图 4-4　200m 和 400m 跑的起跑

5. 短跑锻炼的注意事项

(1)由于短跑运动速度快、强度大,在进行短跑锻炼之前,应充分做好准备活动,多采用中速跑、放松跑、加速跑和跑的专门性练习等手段,逐渐加大跑的强度。

(2)每次进行短跑锻炼时,应根据不同锻炼目标和年龄、性别的差异,安排好练习次数、跑的速度、间隔时间和重复组数等要素,以取得理想的锻炼效果。

(3)短跑锻炼应特别注意持之以恒,不可间断。

(二)接力跑

接力跑是指小团队在分段跑相同距离的过程中,通过相互传接棒共同达成目标的跑动方法。接力跑是一项集体项目,可以培养学生的集体主义精神,增强凝聚力,提高身体素质。接力跑的种类很多。正式比赛项目有男子、女子 4×100m 接力和 4×400m 接力。非正式比赛项目和传统性项目有 4×200m 接力、4×800m 接力、男子 1500m 异程接力(800m+400m+200m+100m)、女子 1000m 异程接力(100m+200m+300m+400m)等。

接力跑技术包括 4×100m 接力跑技术和 4×400m 接力跑技术。其重点是棒与棒之间的两人相互传、接棒技术。接力跑技术由起跑、途中跑、传接棒、冲刺跑等技术组成。

1. 传、接棒技术

(1)上挑式传、接棒法:接棒者手臂后伸,掌心向后,虎口朝下,拇指向内,四指并拢向外。传棒者将棒由下至上挑入接棒者手的虎口处(见图 4-5)。

(2)下压式传、接棒法:接棒者手臂后伸,掌心向上,虎口朝后,拇指向内,四指并拢向外,手腕微屈。传棒者将棒由上至下压送到接棒人手中(见图 4-6)。

图4-5 上挑式传、接棒法

图4-6 下压式传、接棒法

2. 起跑

(1)第一棒运动员"蹲踞式"起跑,起跑方法基本同短距离弯道起跑,但需用右手中指、无名指和小指握住棒的末端,以拇指和食指分开撑地(见图4-7)。

图4-7 接力跑起跑

(2)接棒队员的站位:跑第一棒的队员在弯道起跑(以右手为例),队员右手持棒用"蹲踞式"起跑,第二棒队员站在本队跑道的外沿用左手接棒,第三棒站在本队跑道的内沿用右手接棒,第四棒同第二棒。

2. 途中跑

途中跑方法同短距离跑途中跑。

3. 传、接棒

(1)传接棒时机:一般是在接力区后4~6m处做一个起动标志,当传棒者跑至标志线时,接棒者迅速起动并加速。

(2)标志线的确定:标志线距接棒者起跑线的距离远近,应根据传、接棒人的速度、技术和协调配合的能力而定。其方法是:测出传棒者最后35~40m跑的均速(假设为9m/s)和接棒者起跑后跑25m所需的时间(假设为3.3s),若传棒的距离为1.50m,则可计算出标志线的距离,即:标志线距离(S) = 9m/s × 3.3s - (25m - 1.50m) = 29.70m - 23.50m = 6.20m。

4. 终点跑

终点跑同短距离跑技术。

(三) 中长跑

中长跑是发展耐久力的项目,经常进行中长跑锻炼,可有效地提高人体的心肺功能,发展耐力素质,培养坚毅顽强的意志、吃苦耐劳的品质与团结合作的精神。长时间的肌肉紧张活动是中长跑的特点,因此掌握正确的技术和合理分配体力非常重要。中长跑的正式比赛项目有800m、1500m、3000m、5000m、10000m和马拉松跑(42195m)。

中长跑的完整技术包括起跑、加速跑、途中跑、终点跑。

1. 起跑

中长跑的起跑一般采用站立式,并只用"各就位"与"鸣枪"两个信号。发令前,运动员在预跑线后集合点名,听到"各就位"口令后走向起跑线后沿,两脚前后开立,后脚距离前脚跟约1脚,左右脚开立15～30cm,两腿屈膝、上体前倾,身体重心落在前腿上;当听到"鸣枪"后,后脚快速蹬地,两臂前后有力摆动,身体向前冲出。

2. 加速跑

长跑应依据战术(跟随或领先等)要求,在起跑后抢占有利位置。

3. 途中跑

途中跑是中长跑的主要部分。

(1) 直道途中跑:跑的过程中,上体应保持正直或稍前倾,头部自然与上体成一直线,双臂前后自然配合摆动,颈部肌肉放松,两眼平视前方。

(2) 弯道途中跑:跑的过程中,身体向内倾斜,使身体形成向心力(以克服弯道离心力),以肩为轴轻松自然有力地摆动。

(3) 呼吸方法:可用鼻子和嘴(半张开)同时吸气,以口鼻呼气为主。

4. 终点跑

终点跑是中长跑临近终点的最后一段距离的跑。临近终点时双臂加大摆臂,大腿摆动有力。冲刺跑的时机要根据比赛距离、个人速度与耐力情况来确定。

5. 提高中长跑成绩的练习方法

在中长跑的过程中,由于内脏器官工作条件的改变,跑到一定程度的时候,人体会出现胸部发闷、呼吸困难、疲劳无力、脸色苍白等现象。这种现象,在运动生理学中被称为"假疲劳阶段",即"极点",是一种正常的生理反应。训练程度越高的人,内脏器官的适应性也越高,"极点"出现得较晚且不明显,持续时间也短;训练程度差的人,"极点"出现得早且较明显,持续时间也长。当"极点"出现时,应注意呼吸的方法,做几次深呼吸,适当调整跑速,"极点"即可消失,运动又将轻松、有劲。

(1) 速度训练:①短距离的反复跑100～200m。②变速跑,即200m快跑、200m慢跑。③行进间跑。④顺风跑。⑤下坡跑。

(2) 跑的专门性练习:①小步跑接高抬腿跑。②后蹬跑。③跨步跳。④原地弓箭步交换跳。⑤半蹲跳起。⑥随信号做摆臂结合原地高抬腿跑。⑦逆风跑。

(四)跨栏跑

跨栏跑是在快速奔跑中依次跨越一定数量及高度的栏架的一种特殊径赛运动项目。跨栏比赛项目有女子100m栏和400m栏;男子110m栏和400m栏。跨栏跑完整技术分为起跑至第一栏、栏间步跑、过栏技术和终点跑四个部分。

1. 起跑至第一栏

起跑至第一栏的主要任务,是尽快地发挥速度,为过好第一栏做好准备。起跑采用蹲踞式起跑(同短跑)。女子100m栏和男子110m栏从起跑至第一栏的起跨步数一般为7~8步。400m栏,男子运动员跑21或22步;女子运动员跑23或24步。

由于在这段距离跑的步数固定,因此,它和短跑的起跑—疾跑又不完全一样。上体的前倾角小于短跑的前倾角,步长增加较快,特别是疾跑阶段的前几步,要求达到一定的步长,否则,将会影响过第一个栏。跨栏跑中,上体抬起较早,起跨过栏时,身体姿势已接近短跑途中跑的姿势。为了过好第一栏,起跨的前一步比倒数第二步要小10~15cm。

2. 跨越栏架

跨越栏架亦称过栏,过栏技术包括起跨、腾空过栏和下栏着地。

(1)起跨:是指起跨脚踏上起跨点到后蹬结束的支撑阶段。起跨脚一着地,上体迅速前倾,摆动腿屈膝高抬,以大腿带动小腿向前上方摆起,同时,摆动腿异侧臂亦向前上摆出,另一臂屈肘摆至体后侧,形成有力的"攻栏"姿势(见图4-8①~③)。起跨的后蹬角度一般为65°~70°,起跨点至栏架的距离一般是2.00~2.20m。

图4-8 跨越栏架

(2)腾空过栏:起跨脚离开地面后,摆动腿的小腿迅速前摆,当脚接近栏板时,摆动腿基本伸直,上体前倾;当摆动腿脚掌超过栏板时,起跨腿屈膝外展,小腿收紧拉平,脚尖勾起,形成膝关节高于踝关节、踝关节高于脚尖、脚尖高于脚跟状,同时摆动腿异侧臂积极前伸,另一手臂屈肘后摆(见图4-8④)。

(3)下栏着地:当摆动腿压栏时,几乎是擦栏而过。当臀部经过栏架时,伸直的摆动腿积极下压,用前脚掌着地,上体前倾,着地点尽量靠近身体重心的影射点,以减少下栏时所产生的阻力,维持身体重心的前移和下栏后身体重心处于较高的位置,顺利地进入栏间步跑。摆动腿着地时,起跨腿提拉至正前方,着地点距栏架一般是1.40~1.50m,如图4-9所示。

3. 栏间步跑

下栏着地后,应尽可能地缩短下栏腿的支撑时间,迅速转入栏间步跑。栏间跑的步数:

图 4-9 下栏着地

100m 栏和 110m 栏,一般为 3 步,初学者可 3~5 步;400m 栏,男子一般跑 13~15 步,女子跑 17~19 步。栏间步跑的运动要快速、轻松、富有弹性,尽量减少身体重心的上下起伏。

4. 终点跑

当起跨腿跨越最后一个栏架脚着地后,便进入终点跑阶段。终点冲刺同短跑技术。

5. 跨栏跑的练习方法

(1) 跨栏跑的专门性练习:①半劈腿坐地,上体前屈,做左(右)绕环练习。②原地、走或慢跑做摆动腿提、伸、压练习,体会攻栏和"鞭打"着地动作。③走或慢跑从栏侧做摆动腿攻摆过栏练习。④手扶肋木站立,体侧纵或横放一栏架,做起跨腿的屈、展、提拉过栏练习。⑤走或慢跑从栏侧做起跨腿的过栏练习。

(2) 改进跨栏技术练习:①起跑后过 1~2 栏。②慢跑正面跨 1~3 栏,合理安排栏间步,栏间距离和栏架高度可视学生情况适当调整。③反复跨 3~5 栏,掌握栏间步,建立节奏感,提高速度。④中速跑过 6~8 栏,提高过栏与栏间跑的结合能力。⑤全程跑,技术评价、测验、改进提高跨栏跑完整技术。

二、跳跃

田径运动中的跳跃是利用人体自身的能力或借助一定器械,按所需方向,通过一定的运动形式,使人体移动尽可能高的高度或尽可能远的远度。跳跃包括跳高、跳远、三级跳远和撑竿跳高等项目。

(一) 跳高

跳高动作有跨越式、剪式、俯卧式、背越式等,由于技术的合理性发展,目前高水平的比赛中跨越式和剪式已不多见,俯卧式也越来越少见,人们多采用背越式跳高动作,它的主要优点是易于发挥水平和速度,踏跳后的支撑反作用力能充分地通过身体重心、垂直向上,使人体合理地利用腾起的高度,通过身体的补偿动作越过横杆。

1. 跳高技术

跳高技术由助跑、起跳、过杆、落垫四个部分组成,如图 4-10 所示。

(1) 助跑:助跑的目的是使人体获得向前的水平速度,以增强踏跳的效果,加强起跳时的支撑反作用力,给迅速有力地起跳和顺利地越过横杆创造有利条件。助跑的路线因跳高姿势的不同而不同,背越式的助跑一般为 8~12 步,其中最后 4~6 步为弧线助跑。助跑前几

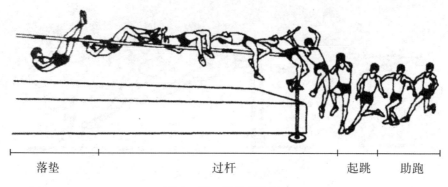

图 4-10 背越式跳高

步步幅开阔、有弹性,当转入弧线助跑时,整个身体向内倾斜。倒数第二步开始准备起跳,是助跑中最大的一步。最后一步时,起跳腿迅速踏向起跳点,髋部超前于上体,肩轴与髋轴成交叉扭紧姿势。

(2)起跳:起跳是跳高技术中最重要的环节,其好坏直接影响身体重心上升的高度和过杆的效果。起跳按动作结构分为起跳的落地、缓冲和蹬伸三个阶段。从助跑的倒数第二步落地屈膝支撑开始,到起跳腿的脚跟落地,属于落地阶段。此阶段,身体的重心下降,以承受支撑力量,髋前移,膝向前跪压再后蹬,脚跟迅速置于体前并接触地面,用滚动式的方法落地。

(3)过杆:虽然跳高过杆的方法不同、动作各异,但其目的都是充分利用腾起时间和高度改变身体姿势,做伸、旋、转、潜的补偿,依次越过横杆。背越式跳高起跳完成后,身体呈伸展姿势向上腾起,呈背对横杆的姿势。当头过杆后,仰头、侧肩、挺髋、屈膝,呈拱形依次过杆,髋部过杆后,含胸收腹,上甩小腿过杆。

(4)落垫:用背部先落在海绵垫上,身体呈背弓姿势。

2.背越式跳高练习顺序

练习时,可按以下顺序进行:仰卧送髋、提臂倒体、立定双脚跳、原地背越式跳、原地背越式过杆、原地跳上垫子垛(见图4-11)、上两步摆腿立体、上两步起跳练习、确定起跳点、四步助跑、四步助跑起跳、四步助跑背越式过杆、全程助跑、背越式跳高完整练习。

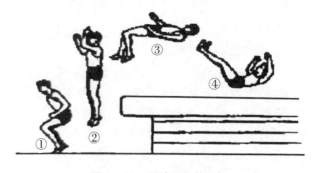

图 4-11 原地跳上垫子垛

（二）跳远

跳远是在跑进中用单脚起跳，通过腾空，最后双脚落入沙坑的田径项目。跳远运动可以有效地发展弹跳力、速度，提高控制身体的能力。

跳远由助跑、起跳、空中姿势和落地四个部分组成。决定成绩好坏的主要是三个因素，即助跑的速度、踏跳的腾空高度和脚落地时前伸的远度。

（1）助跑：任务是准备前冲力。助跑通常要跑16～24步。助跑的正确性十分重要。

（2）起跳：是跳远的关键环节。起跳时用全脚掌踏板，躯干成正直姿势，身体迅速前移，并迅速充分地伸展起跳腿，摆动腿大腿约与跑道平行，两臂用力上摆。

（3）空中姿势：跳远的空中姿势有蹲踞式、挺身式和走步式（分别见图4-12、图4-13、图4-14），但起跳动作是基本相同的。在三种空中姿势中蹲踞式比较简单，适合学生学习。它的技术要点是：起跳进入腾空步后，保持一段腾空步的姿势，摆动腿的大腿继续抬高，上体仍保持垂直，两臂向前挥摆，踏跳腿向前上方提举，与摆动腿靠拢，在空中成蹲踞姿势向前飞进；接着，两条大腿继续折叠上收，上体相继前倾，两臂向后挥摆，借上收大腿的惯性把小腿一起向前伸出，准备落地。

（4）落地：正确地落地不仅能获得较好的成绩，而且可以防止受伤。落地动作要点是：小腿前伸，两臂向体后摆动，脚接触沙面后屈膝，上体前倾。落地也可以采用落地侧倒的方法。

图4-12 蹲踞式跳远

图4-13 挺身式跳远

（三）三级跳远技术

三级跳远是指在助跑以后，沿着直线连续做三次不同形式跳跃的田径运动项目。该项目可以充分展示运动者的矫健，有效发展人的协调性。三级跳远由助跑、单足跳、跨步跳和第三跳四个部分组成。运动员在助跑后第一跳为"单足跳"，用踏跳腿落地；第二跳为"跨步跳"，用摆动腿落地；第三跳为"跳跃步"，双脚落入沙坑。三级跳远如图4-15所示。在落入沙坑前的各跳中,摆动腿的任何部分不得接触地面。

图 4-14 走步式跳远

图 4-15 三级跳远

1. 助跑

三级跳远的助跑和跳远时的助跑相似,一般跑 16~24 步。与跳远助跑不同的是,最后几步长度没有明显变化,倒数第二步摆动腿支撑时,身体的重心几乎不下降,而是平衡向前移动,身体前倾较大。总之,起跳脚踏上起跳板时,要动作快而连贯,助跑的要求是快速、准确、稳定、成直线、轻松、有节奏。

2. 第一跳(单足跳)

第一跳要用有力腿起跳,跳起后经过交换腿动作,有力腿再落地,完成单足跳。第一跳基本上与跳远相同,但由于第一跳不仅要获得一定的速度,而且要为第二跳做好准备,所以,要尽可能地加快踏跳速度,以保持水平速度,使身体向前移动。起跳腾空后完成腾空步动作,上体保持正直,随后摆动腿自然由上向下伸并向后摆,同时起跳腿屈膝向前上方提摆,做积极的换步动作,两臂由体前经下向体侧后方摆动,维持身体的平衡,起跳腿顺势快速、积极地做扒地式落地动作,同时两臂和摆动腿用力向前摆动。

3. 第二跳(跨步跳)

第二跳仍是有力腿起跳,起跳时上体稍前倾,保持腾空步的姿势,摆动腿继续向上抬起;起跳腿弯曲留于体后,两臂同时由前上方成弧线向后下方摆动。快落地时,两臂已摆到体侧后方,摆动腿迅速而积极地下放,上体逐渐抬起,恢复到垂直姿势。落地动作与第一跳相同。

4. 第三跳

第三跳是跳跃步。经过前两跳之后,水平速度已经大大降低。因此,第三跳要依靠增加垂直速度获得一个较高的腾空轨迹,同时要充分利用剩余的水平速度,保证取得最佳的远度。第二跳落地后,支撑腿迅速缓冲,身体的重心积极前移,并快速蹬伸支撑腿,同时两臂和另一腿向前上方提起,起跳腾空后,仍保持"腾空步"的姿势,完成跳远的腾空和落地动作。腾空姿势可采用"蹲踞式""挺身式"和"走步式"。

三、投掷

投掷运动是人类活动的基本活动,是人体运用自身的能力,通过一定的运动,将手持的规定器械进行抛射,并尽可能获得远度的运动项目。投掷项目以力量为基础,以速度为核心。投掷项目包括铅球、铁饼、标枪和链球。

铅球起源于古代人类用石块猎取禽兽或防御攻击的活动。现代推铅球始于14世纪40年代欧洲炮兵闲暇期间推掷炮弹的游戏和比赛,后逐渐形成体育运动项目。标枪起源于古代人类用长矛猎取野兽的活动,此后长矛又发展成为作战的兵器。公元前708年标枪被列为第18届古代奥运会五项全能项目之一。铁饼起源于公元前12世纪—公元前8世纪古希腊人投掷石片的活动,英文名为discus,公元前708年被第18届古代奥运会列为五项全能项目之一。

(一)推铅球

推铅球是体育教学的基础科目,也是《国家体育锻炼标准》规定的项目之一,经常从事这项运动能发展力量,特别是爆发力、速度、灵敏性、协调性等身体素质。推铅球可以培养坚毅顽强、刻苦耐劳的意志品质。推铅球是一个完整而连贯的技术动作,从技术上可分为握法和持球、预备姿势、预摆和滑步、最后用力、维持身体平衡五个部分。

1. 握法和持球

以右手为例,五指自然分开,手腕背屈(见图4-16),把球放在食指、中指和无名指的指根处(掌心空),大拇指和小指自然扶在球的两侧,然后把球放在右锁骨窝处,贴紧颈部,掌心向前并使球稳定,借以减轻臂的负担和便于控制球。肘关节要低于肩。

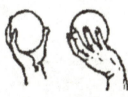

图4-16 握法和持球

2. 预备姿势

持球后,背对投掷方向,两脚前后开立,相距20~30cm,右脚尖贴近圆圈,脚跟正对投掷方向;左腿在后并自然弯曲,以前脚掌着地,脚跟提起。左臂自然上举并稍向内,上体正直放松,体重落在右腿上,两眼看向前下方3~5m处(见图4-17)。多数人都采用这种姿势。

图4-17 预备姿势

3. 预摆与滑步

其目的是使铅球在最后用力之前获得一定的速度,为最后推铅球创造有利条件。一般来说,滑步比原地推铅球要远2.5m左右。

背向滑步,要先做1~2次预摆,左腿向后上方摆出,上体自然前俯,然后左腿回收,同时弯曲右腿。当左膝收回并靠近右膝时,身体的重心略向后移,接着右腿用力蹬地,左脚向抵趾板中间偏左摆出并落地,与投掷方向约成45°角(见图4-18)。

图4-18 背向滑步推铅球

4. 最后用力

当右脚滑步落地后,不停顿地蹬转右膝,推送右髋,身体转向投掷方向,并超过右肩轴,上体呈现扭紧状态,腰、背的肌肉也被拉长。随着右腿的蹬伸,上体逐渐向前上方抬起。当身体正对投掷方向时,左臂向左上引,右髋左转,挺胸抬头,定左肩转右肩,在伸臂、推腕、拨指的同时,右臂迅速而有力地将球推出。

5. 维持身体平衡

当球被推出离手后,右腿迅速换到前面并屈膝,降低重心,改变身体重心移动的方向,左腿后伸,以维持身体平衡。

(二)掷铁饼

掷铁饼是一项古老的体育运动,在古希腊的奥林匹克运动会上就已经被列为比赛项目。其技术是在直径2.5m的投掷圈内通过旋转,用单手将铁饼掷出(见图4-19)。

图4-19 掷铁饼

掷铁饼是一个完整而连贯的技术动作,按技术结构可分为握饼、预备姿势、预摆、旋转、最后用力和维持身体平衡五个部分。

1. 握饼

将铁饼放在五指自然分开的手掌中,大拇指和手掌平靠铁饼,其余四指的最末指节扣住铁饼边缘。铁饼的重心在食指和中指之间,手腕微屈,铁饼的上沿微靠在前臂上,持饼的手臂自然下垂于体侧(见图4-20)。

图4-20 铁饼的握法

2. 预备姿势

背对投掷方向,站于圈内靠投掷中线两侧,两脚左右分开约一肩半宽,两脚平行或左脚稍后(左脚尖与右脚跟齐平),持饼的手臂自然放松并下垂于体侧,眼睛平视(见图4-21①)。

3. 预摆

预摆是为了摆脱身体和铁饼的静止状态,以有利姿势进入旋转(见图4-21②③)。预摆分为左向上右向后和体前左右预摆两种。这两种形式的预摆最后都有一个"制动"动作,这个制动点就是旋转动作的开始。

不论哪一种摆饼法,都要求合理地移动身体重心,以躯干带动臂摆动,动作自然而有节奏并与旋转紧密衔接。一般预摆1~2次即进入旋转。

图4-21 预备姿势与预摆

4. 旋转

预摆结束,身体开始形成扭转拉紧姿势,弯曲的右腿快速蹬地,身体左转,左膝外展,体重向右移至左腿,重心略下降,接着以左脚掌为轴两腿向投掷方向转动,身体向投掷方向倾斜,右臂在身后放松引着铁饼,头随着身体转动。当左膝、右肩和头即将转向投掷方向时,右膝弯曲,以大腿大幅度的摆动绕左腿向投掷方向转扣,身体形成以左侧为轴的单腿支撑旋转,然后左脚蹬地,推动身体向圈的中心移动。右腿、右髋继续转扣,使身体右侧的肌肉拉长,并保持超器械姿势。当左脚蹬离地面,右腿带动右髋快速内转并下压时,左腿屈膝并迅速向右腿靠拢,左肩内扣,上体前倾,收腹,上体转动,右腿屈膝,在圆心附近用前脚掌着地并不停顿地继续旋转。左脚积极后摆,以脚掌内侧着地,身体扭转拉紧,铁饼被远远地留在右后方。

5. 最后用力和维持身体平衡

最后用力的动作:左脚着地时,右脚继续蹬转,右髋、头、上体同时向投掷方向转动并前送,左肩向前牵引,左臂微屈于胸前,胸部向前挺胸挥饼。与此同时,左腿迅速用力蹬伸,左肩制动,左侧支撑,右侧继续向前转动,将全身的力量都集中到铁饼上;当身体的重心达到较高位置、铁饼与右肩同高时,由小指到食指依次用力拨饼和掷出,使铁饼沿顺时针方向转动并向前飞进;出手角度为30°～35°(见图4-22)。铁饼出手后,及时交换两腿,顺势向左转体,同时降低身体的重心,以维持身体平衡。

图4-22 最后用力和维持身体平衡

(三)掷标枪

掷标枪就是运动员一手持枪,沿直线助跑后,利用全身的力量和最快的出手速度,由背后经肩上把标枪掷在约29°角的扇形区内。现代标枪的规格是:男子标枪重800g,长260～270cm;女子标枪重600g,长220～230cm。

掷标枪技术可分为以下几个部分:预跑阶段、交叉步阶段、支撑和出手阶段、随枪缓冲阶段。

1. 预跑阶段

预跑阶段是在引枪之前的一段助跑。大多数标枪运动员采用12～15步助跑。助跑应当逐渐加速,以达到最大可控速度,并在做交叉步和出手动作时能保持这个速度。助跑中运动员应该尽可能放松,特别是上体和肩膀放松。标枪应该自然放松地"扛"在肩上,保持水平或枪尖稍微低,以利于做引枪的动作。

2. 交叉步阶段

此阶段做好引枪,形成最佳上体鞭打动作,为迅速有力地蹬伸和出手做准备。运动员经常采用5步投掷步(以右手持枪为例是左、右、左、右、左),如图4-23所示。

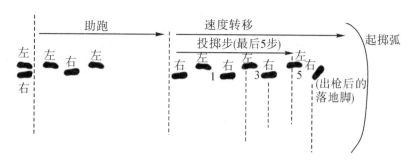

图 4-23 投掷步要领

当左脚落地时引枪动作就开始了。肩稍侧转,投掷臂后伸,手掌心朝上,这样手臂和肩在同一水平面上,手臂在肩的位置向外旋转,如图 4-24①②所示。这个预先扭转动作是为肩和手臂的自动和快速鞭打动作做准备。枪尖置于下颌或眼睛的位置,双肩保持水平。双肩与投掷方向一致,左手前伸并低于胸部,以在做交叉步时维持身体平衡。

双腿和臀在此阶段活动最为积极,以左腿的牵拉推动臀部和躯干向前运动。肩的转动会产生髋的较大转动,并使脚置于合适位置。应注意,髋和脚的过分侧转会降低速度,从而影响助跑的主要目的,即支撑时所需的速度。倒数第 2 步有一个较大的向前而远离左腿的动作,左腿的积极拉推动作对快速复位有帮助作用,左脚着地时尽量前伸以形成稳定支撑。在右脚着地时,左脚远离右脚留在后面。这一步带动臀和躯干向前,并降低重心。躯干保持直立,以维持身体向前的速度,使左脚快速着地。左臂向投掷方向伸出,左肩稍向上抬起,展胸为髋和躯干的动作做准备。眼睛注视前方投掷点 50m 外的地方。右膝弯曲,右腿向前蹬摆,脚尖向上翘起,左脚前伸时对前转髋有帮助。弯曲的右腿在着地时用力向后支撑住。右脚一着地投掷动作就开始了,向前蹬伸右腿以对抗左侧的支撑,即软步动作(见图 4-24③)。

3. 支撑和出手阶段

支撑和出手阶段的动作应视为前阶段爆发力的持续。从助跑中积聚能量,通过交叉步的适当转换,能形成投掷所需的最大速度,并能形成正确的支撑和出手动作。髋和躯干(见图 4-24④~⑥)成直线向前伸展,左脚接近伸直。运动员必须从下肢用力开始,右髋绕髋轴转动到面向投掷方向。左脚支撑,右脚用力蹬转以迅速伸展躯干,左脚置于投掷方向上。

左臂开始向投掷方向伸展,以稳定肩部,防止过早打开双肩,然后沿左侧迅速放下成为左侧支撑的一部分,左肩仍尽可能地保持向前(关闭状态)。当投掷臂放松并向前拉抬时,胸部和躯干向前打开。这个动作能引起胸部和躯干的肌肉预先前伸,躯干成反弓形收缩,最后投掷臂以鞭打动作完成投掷。运动员完成动作时,臂、肩、头、眼睛都向着投掷方向(见图 4-24⑦⑧)。

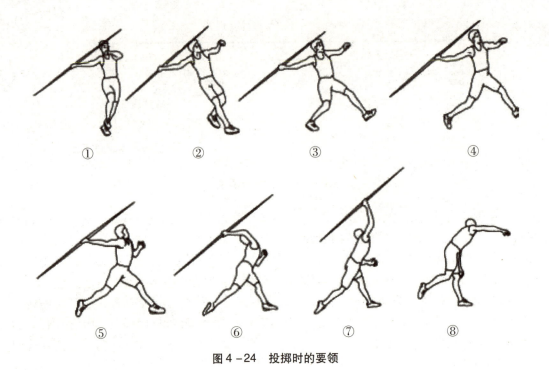

图 4-24 投掷时的要领

4. 随枪缓冲阶段

在此阶段,运动员左侧支撑时必须用力蹬伸而不是不动,这样在出手时会提高左侧身体的重心。最后一步可以用来检查向前的动量。

第三节 田径竞赛规则

在竞赛活动中,竞赛规程和竞赛规则共同协调和制约着运动竞赛的全过程。规程着重于竞赛的组织管理,规则主要是技术规范、成绩确定以及有关场地器材条件的规定。

田径竞赛规则通常指国际田径联合会所制定的规则。随着田径运动的发展,规则要定期进行不同程度的修订,使其更趋科学化、合理化与公平化。裁判工作是竞赛的重要组成部分,直接影响竞赛的进行和运动员水平的发挥。裁判员不仅是成绩、名次的判定者,同时也是比赛的组织者和教育者。裁判员须掌握比赛规则,认真钻研裁判方法,严肃认真、公正准确、谦虚谨慎、团结协作地做好工作。

一、跑步

(一)场地、器材简介

(1)标准田径场是指内突沿外沿半径为 36.5m、每条跑道宽 1.22m(包含右侧分道线)、分道线宽 5cm 的 400m 田径场。

(2)径赛的距离应以起跑线的后沿到终点线的后沿为准。

(3)正式大型田径比赛由大会提供符合规则规定的起跑器。

（二）竞赛规则简介

1. 短距离跑

（1）运动员必须在规定的各自跑道内跑完全程。

（2）在运动员做好起跑的各就位姿势后，无论何种原因，如果发令员对已进行的起跑准备不满意，应命令所有运动员从起跑位置上撤回，然后由助理发令员将运动员重新召集在起跑线后大约3m处。400m及400m以下（包括4×100m和4×400m接力的第1棒）的各个项目，运动员必须使用起跑器进行蹲踞式起跑。在"各就位"口令之后，运动员必须走向起跑线，在自己分道内的起跑线后做好准备姿势，双手和一个膝盖必须触地，双脚必须接触起跑器。发令员发出"预备"口令时，运动员应立即抬高身体重心做好最后的起跑姿势，此时运动员的双手仍需与地面接触，双脚不得离开起跑器。运动员就位时，双手和双脚均不得触及起跑线和线前地面。

（3）在"各就位"或"预备"口令发出后，所有运动员应立即做好最后的预备姿势，不得延误。对经适当时间仍不服从起跑命令者，以起跑犯规论处。

（4）运动员在做好最后的预备姿势之后至鸣枪之前开始起跑动作应判为起跑犯规。

（5）在弯道跑中，运动员的脚不得触及左侧分道线，不得阻碍其他运动员在自己跑道内的正常跑进。

2. 中长跑

（1）中长跑的各个项目，起跑时只使用"各就位"口令。在所有运动员准备好后，鸣枪或启动经批准的发令器。起跑后，运动员不得单手或双手触地。

（2）运动员在做好最后预备姿势之后至鸣枪之前开始起跑动作应判为起跑犯规。其规则同短跑。

（3）比赛中，运动员挤撞或阻挡其他运动员以妨碍其走或跑时，应取消该运动员该项目的比赛资格。

（4）800m跑在弯道末端的抢道线之前为分道跑，越过抢道线后允许运动员离开自己的分道切入内道。

二、跳跃

（一）跳高

1. 场地、器材简介

跳高的横杆可用玻璃纤维、金属或其他适宜材料制成，长3.98～4.02m，最大质量2kg。跳高落地区至少长5m、宽3m，助跑道长度不限，最短为15m，如果条件许可，应不短于20m，呈扇形。跳高架应有足够的高度，须配稳定放置横杆的横杆托，两立柱之间距离为4～4.04m。

2. 竞赛规则简介

1）试跳。

（1）运动员可以从主裁判事先宣布的横杆升高计划中的任何一个高度开始试跳，也可以在之后任何一个高度根据自己的愿望决定是否试跳。但在任何一个高度上，只要运动员连续 3 次试跳失败,即失去继续比赛的资格。因第一名成绩相等而进行的决定名次赛的试跳除外。

(2)允许运动员在某一高度上第 1 次或第 2 次试跳失败后,在第 2 次或第 3 次试跳时免跳,并在后续的高度上继续试跳。

(3)运动员在某一高度上请求免跳后,不可在该高度上恢复试跳,除非出现第一名成绩相等的情况。即使其他运动员均已失败,一名运动员仍有资格继续试跳,直至放弃继续比赛的权利。当某运动员已在比赛中获胜时,有关裁判员或裁判长应征求运动员的意见,由该运动员决定横杆提升高度(此规定不适用于全能项目)。试跳成功后,主裁判上举白旗;失败则上举红旗。

2)如有下列情况者,应判为试跳失败。

(1)试跳后,由于运动员的试跳动作,致使横杆未能留在横杆托上;或在越过横杆之前,运动员身体任何部位触及立柱前沿(离落地区较近的边沿)垂直面以外的地面或落地区。

(2)错过该次试跳。比赛时,运动员无故延误时限,即不准参加该项试跳,以失败论处。如果在比赛中再次无故延误时限,即取消其比赛资格,但之前的成绩仍然有效。

(3)当裁判员通知开始试跳后运动员才决定免跳,时限已过,应判该次试跳失败。

3. 成绩确定

每名运动员应以最好的一次试跳成绩作为最后的决定成绩。

(二)跳远

1. 场地、器材简介

(1)助跑道长度至少为 40m,应用 5cm 宽的白线标出助跑道。

(2)起跳板应埋入地下,上沿与跑道及落地区表面齐平。起跳板为长方形,用木材或其他适宜的坚硬材料制成,长 1.21~1.22m、宽 20cm、厚 10cm,涂成白色。

正式比赛的起跳板前面还应有橡皮泥显示板。落地区宽度最小为 2.75m,最大为 3m,落地区内应填充沙子,沙面与起跳板齐平。

2. 竞赛规则简介

运动员试跳成功有效,上举白旗;失败则上举红旗。停留 3s 以便观看。以 1cm 为单位丈量成绩。

如有下列情况者,应判为试跳失败。

(1)在未做起跳的助跑中或跳跃中,运动员以身体任何部位触及起跳线之前的地面。

(2)从起跳板两端之外起跳,无论是否超过起跳线的延长线。

(3)在落地过程中触及落地区以外的地面,而落地区外的触地点较区内最近触地点靠近起跳线。

(4)完成试跳后,向后走出落地区。

(5)错过该次试跳。

(6)采用任何空翻姿势。

(7)无故延误时限。比赛时,运动员无故延误时间,即不准参加该次试跳,以失败论处。

如果在比赛中再次无故延误比赛时间,即取消该运动员的比赛资格,但在此之前的比赛成绩仍然有效。每次试跳的时限为 1min,当一名运动员连续两次试跳时,试跳时限为 2 min。

在时限只剩最后15s时,计时员举黄旗示意,当时限到时,落下黄旗,主裁判应判定运动员该次试跳失败。如时限到的同时,运动员已开始试跳,应允许其进行该次试跳。当裁判员通知运动员试跳开始后,运动员才决定免跳,当时限已过时,应判该次试跳失败。

三、推铅球

1. 场地、器材简介

(1) 铅球投掷圈直径为2.135m。

(2) 抵趾板宽度为11.20～11.30cm,内沿弧长1.22m(±1cm),高出圈内地面10cm(±2mm)。

(3) 铅球落地区应用煤渣、草皮或其他适宜的材料铺设,铅球落地时应能留下痕迹。

(4) 应用宽5cm的白线标出落地区,其延长线应能通过投掷圈圆心,圆心角为40°。

(5) 铅球质量:男子成年组为7.26kg,女子成年组为4kg。

2. 竞赛规则简介

(1) 抽签决定运动员的试掷顺序。

(2) 如运动员超过8人,应允许每人试掷3次,有效成绩最好的前8名运动员可再试掷3次,试掷顺序与前3次试掷的顺序相反。当比赛人数只有8人或少于8人时,每人均可试掷6次。

(3) 应从投掷圈内将铅球推出。运动员必须从静止姿势开始试掷。允许运动员触及铁圈和抵趾板的内侧。

(4) 应用单手从肩部将铅球推出。当运动员进入圈内开始试掷时,铅球应抵住或靠近颈部或下颌,在推球过程中持球手不得降到此部位以下,不得将铅球置于肩轴线后方。

(5) 不允许使用任何装置对投掷的运动员进行任何帮助,例如,使用带子将两个或更多手指捆在一起。除了开放性损伤需要包扎以外,不得在手上使用绷带或胶布;不允许使用手套。

(6) 运动员试掷成功、成绩有效,裁判举白旗,失败则举红旗。以1cm为单位丈量成绩。

(7) 运动员进入圈内开始试掷后,如果身体的任何部位触及圈外地面,或触及铁圈和抵趾板上面,或以不符合规定的方式将铅球推出,均判为试掷失败。

(8) 铅球必须完全落在落地区的角度线以内,试掷方为有效。

(9) 运动员在器械落地后方可离开投掷圈。

第五章　球类运动

从事球类运动，可以提高弹跳、协调、灵敏、耐力、速度、力量等身体素质，有利于培养勇敢顽强、机智果断和团结互助的集体主义精神。球类运动的竞赛项目内容十分丰富。本章介绍篮球、排球、足球、乒乓球、羽毛球、网球等项目。这些项目的特点是具有强烈的对抗性和战斗性。

第一节　篮　球

篮球是由美国人詹姆士·奈史密斯博士在1891年发明的。随着篮球运动的发展和要求的提高，参赛人数由最初无限制到规定为5人，规则由1892年的13条发展到今天的数十条。1932年，国际业余篮球联合会（现为国际篮球联合会）成立，现有会员国超过200个。篮球是奥运会的竞赛项目。

一、篮球的基本技术和练习方法

篮球技术是篮球运动动作方法的统称。篮球技术可分为进攻技术和防守技术，常用的基本技术有准备姿势、移动、传球、运球、突破、投篮、抢球、断球、抢篮板球等。全面、准确、熟练地掌握各种技术动作，是打好篮球的基础。唯有如此，才能在激烈的对抗中快速、准确、稳定、可靠地完成各种技术动作，才能在战术配合中创造性地运用各种技术。

（一）移动

1. 基本技术

移动主要由基本站立姿势、起动、侧身跑、变速跑、变向跑、后退跑、急停、转身、跨步、滑步等技术所组成，是以人体的踝、膝、髋关节为轴，通过脚蹬碾的力量、腰腹的力量、手臂摆动的力量，带动躯干灵活运动，来改变身体的位置、方向和速度。运用移动技术最关键的是要控制身体重心的平衡和变化，注意用力的方向和角度，以及转体方向和角度的变化，克服重力和惯性，突然快速、灵活地完成不同的脚步动作。

（1）基本站立姿势：两脚前后或左右开立，与肩同宽或略宽于肩，重心落在前脚掌上，两膝微屈，身体的总重心落在两脚之间，上体稍微前倾，两臂屈肘并自然下垂置于体侧，两眼平视前场，随时准备起动。

（2）侧身跑：指队员在跑动中为了抢位、摆脱防守，接侧向或侧后方传来的球所采用的一种跑动方法。在跑动时，头部和上体转向侧面和有球的一侧，脚尖向着前进的方向，既要保持奔跑速度又要保持身体平衡，双手自然放在腰侧，密切注意和观察场上的情况。

（3）变速跑：指队员在跑动中利用速度的变化来摆脱防守者的一种跑动方法。它利用突然加速或减速的方法破坏防守者的正确位置，及时完成切入、接球、突破和投篮等技术。在跑动中加速时，上体微前倾，用前脚掌短促有力地蹬地，步频加快，同时用力摆臂。减速时，步幅适当增大,上体直起,用前脚掌用力抵地来减缓向前的冲力,从而降低跑速。

(4)变向跑:指队员在跑动中突然改变方向来摆脱或超越防守者的一种跑动方法。变向跑时(以从右向左为例),落地的最后一步用右脚的前脚掌内侧用力蹬地,脚尖转向左前方移动的方向,同时使上体向左前倾,移动重心,同时迅速转肩、转腰,左脚向左前方跨步并用力蹬地,右脚迅速跟随向左前方跨出,或右脚用力蹬地直接向左前方跨出,继续加速跑动。

(5)急停:是在快速移动中,突然停止跑动的一种方法。进攻队员可利用急停的方法摆脱防守者并衔接其他脚步动作和进攻技术。急停可分为跨步急停和跳步急停。

跨步(两步)急停:在快速跑动中跨步急停时,第一步跨出要稍大,用脚外侧着地,膝微屈,迅速过渡到前脚掌,第二步用前掌内侧着地(脚尖向内转),身体微向内转,两膝弯曲,上体前倾,重心下降并落在两脚之间,两臂自然张开,保持身体平衡。

跳步(一步)急停:在近距离慢跑中,用单脚或双脚起跳(离地面不能太高),上体稍后仰,两脚同时落地,两膝弯曲,重心下降,两臂自然张开,以保持身体平衡。

(6)转身:指队员以一脚做中枢进行旋转,另一脚蹬地向前或向后跨出,以改变身体方向的一种方法。它可与急停、跨步、持球突破结合运用,有效地摆脱防守,创造传球、投篮的机会。

(7)滑步:是防守移动的一种方法,常用来阻截对方的移动路线,调整自己的防守位置。

侧滑步:由防守基本站立姿势开始,两臂张开。向左滑步时,在右脚前脚掌内侧蹬地的同时,左腿向左侧跨出,左脚落地,右脚向左滑靠拢半步落地,腰胯用力,保持低重心水平移动。

前滑步:由前后站立防守姿势开始,在前脚向前跨出一小步的同时,后脚前脚掌内侧用力蹬地并向前滑半步成开立姿势,保持低重心和水平移动,前脚同侧臂前上举,另一臂侧下张开。

后滑步:动作方法与前滑步相同,只是方向相反。

2.练习方法

(1)基本站立姿势:①原地体会正确的基本姿势。②原地向上跳三次,落地保持基本姿势。

(2)侧身跑:①弧线侧身跑跳起摸篮板练习。②前场弧线跑、侧身跑接球投篮练习。

(3)变速跑:①在慢跑中进行突然加速跑,紧接着做突然减速的动作练习。②根据信号进行变速跑练习,变速要及时、突然。

(4)变向跑:①在慢速中进行练习,体会动作要领。②根据信号或增设标志物进行变向跑练习。

(5)后退跑:①原地做小碎步、上体稍后倾、前脚掌蹬地快速有力的模仿练习。②根据教师的信号做后退跑的练习。

(6)急停:①慢跑、中速跑或快跑进行中跨步急停和跳步急停的练习。②跑动中进行急停接球的练习。③进行接球急停或运球急停后转身传球或投篮的练习。

(7)转身:①原地不持球或持球,做两脚交替转移重心的练习。注意重心要落在中枢脚上。②原地接球后做前后转身传球、运球或投篮练习。③运球中进行前转身或后转身的练习。

(8)滑步:①看手势或其他信号做侧滑步、前滑步或后滑步练习。②三角形站位做滑步练习。③一对一防运球滑步练习。

(二)传、接球

1. 基本技术

传球和接球是篮球比赛中运用最多的技术。它是队员之间有目的地转移球的方法,是达到相互联系、相互配合、组织进攻、实现战术的手段,也是培养队员团结协作、充分发挥集体力量的重要环节。

(1)双手胸前传、接球:双手手指自然分开,用指根和手指部位握住球的侧后方,手心空出,拇指相对,成八字形[见图5-1(a)]。两脚自然前后站立或平行站立,膝稍屈,上体稍前倾,收腹含胸。两肘自然弯曲于体侧,肩、臂、腕放松,将球置于胸腹部,目视传球目标。传球时用脚蹬地,身体重心前移,前臂急促地前伸,食指、中指用力拨球,将球传出[见图5-1(b)]。

(a)

(b)

图5-1 双手胸前传、接球

(2)单手肩上传球:是单手传球中最基本的一种方法,常用于中、远距离的传球。双手持球于胸前,两脚平行开立。右手传球时,左脚向传球方向跨出半步,右手靠左手指拨送球的力量,将球引到右肩侧上方,右肩关节伸展,大小臂自然弯曲,手腕向后屈,持球于后下方,左肩对着传球方向,重心落在右脚上。传球时,右脚蹬地发力,同时转体带动上臂、前臂、手腕前屈,食指、中指、无名指拨球并将球传出(见图5-2)。

2. 练习方法

(1)双手胸前传、接球练习:①两人一组一球,相距约两臂距离,不持球者两臂伸出并做好接球的动作,持球者做双手传球的动作并向同伴手中送,同时做出翻腕和拨指动作。②原地三角、五角站位做传球练习。③行进间四角站位做传球练习。④两人一组一球,做短传推进练习。⑤三人一组一球,做短传推进练习。

(2)单手肩上传球练习:①两人一组一球,做中距离对传练习。②两人一组一球,做远距离对传练习。③抢得篮板球后传球练习。④定点传球练习。

图 5-2 单手肩上传球

(三)投篮

投篮是篮球运动的进攻技术之一,也是唯一的得分手段。

1. 基本技术

投篮方法很多,可以分为原地投篮、行进间投篮、跳起投篮和扣篮等。各类投篮都包括单手投篮和双手投篮两种方法。从投篮时持球的部位来讲,有胸前、肩头和头上之分;从投篮时出球的手法来看,有低手、高手、反手和勾手等。

投篮是一项复杂的技术动作,它主要由握球方法、瞄准点、投篮力量的运用、出手速度、球的旋转、抛物线和入篮角等环节组成。以下介绍几种常见的投篮方法。

(1)原地双手胸前投篮:两脚前后或左右开立,两膝微屈,重心落在两腿之间,两臂屈肘并自然下垂,双手持球于胸腹前,两眼注视投篮点;投篮时两脚蹬地,同时腰腹伸展,抬肘伸臂,手腕外翻,球最终通过两手拇指、食指和中指指端拨出,手心正对投篮方向。球出手后,两手心自然向下向外翻,脚跟提起,身体随投篮出手方向自然伸展(见图5-3)。

图 5-3 原地双手胸前投篮

(2)原地单手肩上投篮(以右手投篮为例):右手五指自然分开,手心空出,用指根以上的部位持球,大拇指与小指控制球体,左手扶球的左侧,右臂屈肘,肘关节自然下垂,置球于右肩膀前上方,两脚左右或前后开立,两膝微屈,重心落在两脚上。投篮时,下肢蹬地发力,右臂向前上方伸直,手腕前屈,食指、中指用力拨球,通过指端将球投出。球出手的同时,身体随投篮动作向上伸展,脚跟微提起(见图5-4)。

图5-4 原地单手肩上投篮

(3)行进间单手低手投篮:以右手投篮为例,在右脚跨出的同时接球,左脚接着跨出一小步并用力蹬地起跳,右腿屈膝上抬,双手向前上方举球;当身体接近最高点时,左手离球,右手掌心向上托球,并充分向球篮的方向伸直,接着屈腕,食指、中指用力拨球,最后通过指端将球投出(见图5-5)。

图5-5 行进间单手低手投篮

(4)行进间单手肩上投篮:以右手投篮为例,右脚向前跨出一大步的同时接球,左脚迅速蹬地起跳,右腿屈膝上抬,同时两手持球上举至肩上,当身体上升并接近最高点时,右臂柔和地向上伸展,手腕稍前屈,食指、中指用力拨球,并通过指端将球投出(见图5-6)。

(5)原地跳起单手肩上投篮:以右手投篮为例,两手持球于胸前,两脚左右或前后开立,两膝微屈,重心落在两脚之间。起跳时,迅速屈膝,脚掌用力蹬地并向上起跳,双手举球至肩上,右手持球,左手扶球的左侧方。当身体接近最高点时,左手离球,右臂向前上方伸直,手腕前屈,食指、中指拨球,并通过指端将球投出。落地时,屈膝缓冲,准备做下一个动作(见图5-7)。

图5-6 行进间单手肩上投篮

图5-7 原地跳起单手肩上投篮

(6)运球急停跳起投篮：以右手投篮为例，在快速运球中，采用一步或两步急停接球，两膝微屈，重心快速移到两脚之间，迅速地向上起跳；同时，双手举球，当身体接近最高点时，右臂向前上方伸展，手腕前屈，食指、中指拨球，并通过指端将球投出。

2. 练习方法

(1)原地投篮:①每人一球,对墙做伸臂、压腕、拨指的出手动作练习。②每人一球,对墙进行完整的投篮动作练习。③两人一组一球做对投练习。④中短距离的各种位置上做定点投篮练习。⑤较远距离的各种位置上做定点投篮练习。⑥各个位置上做投篮比赛。

(2)行进间投篮:①徒手模仿练习。②慢跑中进行跨步单脚起跳,用右(左)手摸篮网、篮板,做投篮模仿动作的练习,掌握上、下肢协同配合的规律。③慢跑中徒手做跨步、接球、起跳、投篮的模仿动作练习。④每人一球,自抛自接完整动作练习,可以不利用球篮。注意球不要抛得太高,必须抛在身体右侧,双手在身体右侧方接球,可避免跨左脚接球的错误动作。⑤教师在距离学生 2~3m 处托球,学生在走动或慢跑中跨右脚,同时拿位于右侧方的教师手中的球,后跨左脚起跳投篮练习。⑥学生成一路纵队站在球篮侧方 45°角处,依次向篮下跑进,接教师或同伴的轻抛球上篮练习。

(3)跳起投篮:①徒手模仿练习,做好原地跳投的准备姿势,两脚迅速蹬地起跳,同时两臂上提,做举球跳投的出手动作。②每人一球,做原地跳投的准备姿势练习。③每人一球,对墙做原地单手肩上投篮练习。④两人一组一球,相距 3~4m,做原地跳起的对投练习。⑤由近至远,在不同距离、不同位置上做原地跳投、上步或并步跳投练习。⑥运球急停或接球急停跳投练习。

(四)运球

1. 基本技术

持球队员在原地或移动中,用单手连续按拍或双手交替按拍由地面反弹起来的球的技术动作称为运球。运球技术包括身体姿势、手臂动作、球的落点和手脚协调配合四个环节。运球时,五指自然分开,用手指和指根部位触球、控制球,手心空出;侧身,上体稍前倾,两膝微屈,抬头,眼睛平视;非运球手臂屈肘平抬,肩向前,用以保护球。

以下主要介绍高运球、低运球、运球急停急起、体前变向运球、背后运球等几种运球方法。

(1)高运球:高运球是指运球队员运球时使球弹起的高度在腰膝之间的运球方法。运球时,两腿微屈,目平视,手用力向前下方推按球,把球的落点控制在身体侧前方,使球的反弹高度在胸腹之间,手脚要协调配合,使球有节奏地向前运行。这种运球方法身体重心较高,速度快,便于观察场上情况(见图 5-8)。

图 5-8 高运球

(2)低运球:低运球是指队员运球时球反弹的高度低于膝关节的一种运球方法。运球时两腿深屈,降低重心,上体前倾,用上体和腿保护球,以肩为轴,同时用手短促地按拍球,球的反弹高度在膝关节以下,以便控制球和摆脱防守继续运球。行进间低运球时拍球的部位在球的后上方或后侧方(见图5-9)。

图5-9　低运球

(3)运球急停急起:运球急停急起是指持球队员在运球推进时,在防守比较严的情况下,利用速度的变化来摆脱防守的运球方法。运球急停急起由运球、急停、急起三个动作组成(见图5-10)。

图5-10　运球急停急起

(4)体前变向运球:是指运球队员的前进路线被阻截,但与防守队员还有一定距离时,利用突然变换方向的方法运球前进,以摆脱和超越对手的运球方法。体前变向运球又可分体前换手变向运球和体前不换手变向运球。

体前换手变向运球:运球队员从对手的左侧突破时,先向对手的右侧运球,当对手向右侧移动时,运球队员突然向左侧变向,用左手按球的左侧上方,同时左脚向右前方跨出,用肩挡住对手,接着迅速换右手按球的上方,从对方的左侧运球以超越对手(见图5-11)。

体前不换手变向运球:将球从身体的右侧拨向体前中间的位置,当防守队员的重心向右侧移动时,突然将球拨回右侧,左脚向右侧跨出,借以摆脱防守,继续运球前进。

(5)背后运球:背后运球是指运球队员的一侧被防守队员堵截,距离较近时,防守队员的身体重心又偏于有球的一侧,运球队员利用身体从背后改变运球方向来超越防守队员的运球方法。以右手运球为例,用右手将球拉到身后,按拍球的右侧上方,使球拍至左脚的侧前方,并立即换左手运球,左脚迅速向前跨出,用左手运球以突破对手。

2.练习方法

(1)高运球:①原地高运球练习。②直线运球练习,速度由慢至快。③沿球场线段做运球练习。④围绕球场三圈做弧形运球练习。⑤运球接力比赛。

(2)低运球:①原地低运球练习。②与高运球的各种练习方法相同。

图 5-11 体前换手变向运球

(3)运球急停急起:①原地体侧前后运球,体会前推后拉运球时,手按球的部位和用力情况。运球速度可由慢至快,运球高度由高至低。②根据球场上的线段或标志进行运球急停急起练习。③根据教师的信号进行急停急起或变速运球练习。④一攻一守中运球急停急起摆脱练习。防守者由消极防守变为积极防守。

(4)体前变向运球:①原地体前左右手交替运球,体会换手时推拨球的动作和按球的部位。②弧形路线体前变向换手运球练习。③全场或半场"之"字形折线变向运球练习。④一攻一守的体前变向换手运球练习。防守者由消极防守变为积极防守。⑤体前变向换手运球突破上篮练习。

(5)背后运球:①原地模仿练习。②行进间运球转身练习。③背后运球突破上篮练习。④一攻一守的背后运球练习。防守队员由消极防守变为积极防守。

(五)持球突破

1. 基本技术

持球突破是指控制球的队员将脚步动作和运球技术相结合,达到超越对手的一种进攻技术。突破技术不仅是个人的战术行动,而且还是整体战术配合的基础。

(1)交叉步持球突破:以右脚做中枢为例(见图 5-12)。突破时左脚向左前方跨出,做向左突破的假动作;当对手失去重心时,左脚前脚掌内侧迅速蹬地,向对手左侧跨出一大步;上体右转探肩,贴近对手,球移至右手,推动球加速超越对手。

(2)同侧步持球突破:以左脚为中枢脚为例。突破时,左脚内侧蹬地,右脚迅速向前方跨出一大步,同时向右侧转体探肩,重心前移,球移至右手推运,然后左脚迅速蹬地超越对手。

2. 练习方法

练习方法如下:①每人一球,保持基本站立姿势,向左侧或右侧前方做跨步突破动作,然后收腿还原,反复练习。此练习可分别以左、右脚为中枢脚进行交叉步或同侧步的跨步动作。②两人一组一球,一攻一守,进行上述两项练习。消极防守,体会跨步的位置及转体探肩和护球的动作。③同上练习,进行持球突破的完整动作练习。两人交替进行。

图 5-12 交叉步持球突破

(六)抢篮板球

1. 基本技术

抢篮板球是在投篮不中时,双方在篮下抢球的技术。由于攻守不同,抢篮板球可分为抢进攻篮板球(也称为前场篮板球)和抢防守篮板球(也称为后场篮板球)两种,前者是在对方篮下争抢,后者是在本方篮下争抢。

抢篮板球技术是一项较为复杂的技术,它由抢占位置、起跳动作、抢球动作和抢球后的动作所组成。

抢占有利位置是抢篮板球的前提,要力争把对手挡在自己的身后。抢占到有利位置时,身体应保持正确的基本站立姿势。起跳前,两腿屈膝,重心降低,上体稍前倾,两臂稍屈,举于体侧,重心放在两脚之间,注意观察和判断球的方向,及时起跳。起跳时,两脚用力蹬地,两臂上摆,手臂向上伸展,腰腹协调用力。防守队员一般多采用转身跨步双脚起跳的方法,进攻队员则多采用助跑单脚起跳或跨步双脚起跳的方法。

根据进攻和防守队员的位置及球的方向,抢球动作可分为双手抢篮板球、单手抢篮板球和点拨球三种。

(1)进攻时抢篮板球:可有以下两种。

篮下进攻队员抢篮板球:当同伴投篮时,靠近球篮的进攻队员要判断球反弹的方向,运用假动作摆脱防守队员的阻挡,及时移向球的反弹方向,迅速起跳到最高点,进行补篮或抢篮板球。

外围进攻队员抢篮板球:外围队员离篮较远,同伴投篮时稍有迟疑就会失去抢篮板球的机会。因此,外围队员的拼抢意识非常重要。每当同伴投篮时,都要有充分的冲抢准备,趁防守队员不备,突然冲向球反弹的方向,进行补篮或抢篮板球。

(2)防守时抢篮板球:可有以下两种。

篮下防守队员抢篮板球：当对方投篮时，篮下防守队员要根据进攻队员的行动，选择不同的挡人方法。如距离对手1m，可采用前转身或上步前转身的方法挡人。如果对手距离自己较近或已贴近身体，可采用后转身或上步后转身的方法挡人。抢位挡人的动作应是低重心，两肘外张，争取扩大空间的面积，保持一个最有利的起跳姿势。挡人主要是为了延误对手抢位起跳。挡人动作完成以后，自己要迅速起跳，向上摆臂，伸展腰腹，跳至最高点并用双手或单手迅速抢球，力争在空中传球或及时将球点拨给同伴发动快攻。如果没有空中传球的机会，可迅速将球持于胸前或头上，落地时应侧对前场，球要远离对手，迅速观察场上的情况。不能消极地保护球，而要迅速突破或传球，发挥篮板球的攻击作用。

外围防守队员抢篮板球：当对方投篮时，外围防守队员的第一个任务就是要运用左右滑步或前后转身的方法，阻截对手冲抢篮板球的路线。然后，应及时判断球的反弹方向，去抢夺篮板球。

2. 练习方法

练习方法如下：①徒手原地双脚起跳，模仿单、双手抢篮板球动作的练习。②结合上步、跨步、转身、滑步等脚步动作，做单、双脚起跳抢篮板球的模仿动作练习。③每人一球，自己向上方抛球后跳起，做双手或单手在空中抢球练习。④两人一组，一人向上抛球，一人抢球练习。⑤两人一组一球，球置于地上，根据信号进行抢位抢球练习。⑥一人投篮，一人防守，进行投篮后争抢篮板球练习。

（七）抢球、打球、断球

1. 基本技术

抢球、打球、断球是攻击性很强的防守技术，是积极性防守战术的基础，都是由准确地判断、快速地移动、合理的手部动作三个环节所组成的。

（1）抢球技术动作：当进攻队员停止运球、接球或抢到篮板球落地刚持球时，防守者可趁其保护球不当出其不意地将球抢掉。抢球时动作要快而狠，果断有力。在手指接触球或控制住球的同时，利用拧、拉和身体扭转的力量，手臂迅速向腰腹回收，将球抢夺过来。抢球的手法一般是一手在上、一手在下直握，出手要快，动作要有力，扭拉要突然。

（2）打球：打原地持球队员的球，有自上往下和自下往上两种打球方法。打球时一般采用与持球队员的动作相反的逆向迎击，以借助反向合力增大击球的力量，这样易于将球击落。打运球队员手中的球（以右手运球为例），当运球队员向前推进时，防守者应在左脚向左滑步抢位堵截的同时，看准球从地面弹起的刹那间，突然用左手以手指、手腕和前臂的力量从侧面将球打出，并及时上前抢球。

（3）断球：横断球，断球时重心要迅速向断球方向移动，以短而快的助跑，单脚或双脚用力蹬地跃起，身体伸展，两臂前伸，用双手或单手将球截获。纵断球，当防守者要从对手的右侧绕前断球时，右腿先向前跨出一步，然后侧身跨左脚绕到对手身前，同时重心前移，左脚（或双脚）用力蹬地并向前跃出，身体伸展，两臂前伸，将球截获。封断球，当持球队员暴露了自己的传球意图或传球动作较大时，防守者可在对方的球出手的一刹那，突然起动，伸臂封盖或将球截获。

2. 练习方法

（1）体会抢球、打球动作：二人一组，相距1.5m，对面站立，一人持球于腹前，另一人练习抢球和打球动作。攻守交换练习。

（2）体会对方持球摆动时的抢球、打球的时间：三人一组，相距1m左右，中间一人持球摆动，两边的人根据球的部位伺机抢球或打球。

（3）抢球、打球练习：三人一组，相距2m站成三角形，一人持球，高抛给另外两人中的一人。接球者必须跳起接球。当接球者得球下落时，抛球人和另外一人同时向他身旁移动，伺机抢球或打球。三人攻守交换练习。

（4）正面打运球队员的球：在半场或全场一对一攻守练习中，防守队员紧紧跟随运球队员，在球刚从地面弹起或改变运球方向时，突然上步打球。攻守交换练习。

（5）从背后抄打运球队员的球：二人一组，一人持球突破，另一人防守。当持球队员突破的一刹那，防守队员利用前转身从突破队员身后赶上，用靠近突破队员运球的一侧的手，由后向前打球，然后上步抢球。攻守交换练习。

（6）断球练习：①体会断球动作。四人一组。两人传球，另两人在侧面或后面站立练习断球，体会横断球和纵断的动作和步法移动。练习数次后，攻守交换练习。②断球游戏。五人一组，三人攻二人守。攻方三人站成三角形，相互传球；守方二人站在三角形里面练习断球，防守者必须一人紧逼持球者，另一人断球。

二、篮球的基本战术

篮球战术是篮球集体配合行动的统称，是队员之间合理地运用个人技术相互配合的组织形式和方法。运用战术的目的是为了更好地发挥己方队员的技术与特长，制约对方，掌握主动权，争取比赛的胜利。

全队战术是指根据有利于破坏对方战术而采取的有针对性的攻防方法，构成篮球比赛的攻防战术体系，包括快攻与防快攻、人盯人防守与进攻人盯人防守（半场或全场）、区域联防与进攻区域联防、区域紧逼与进攻区域紧逼、机动进攻与综合多变防守体系。

（一）进攻战术

篮球进攻战术是指在篮球竞赛中，进攻队员通过个人技术的合理运用和全体队员协调配合，破坏对方的防守，达到进攻得分的目的所组织的形式和方法。

1. 进攻战术基础配合

进攻战术基础配合是指在篮球竞赛中，队员二三人之间所组成的简单配合方法。它是组成全队进攻战术的基础，任何一种整体进攻战术都离不开基础配合。因此，熟练地掌握与运用基础配合，对提高学生的整体进攻战术配合能力和战术意识有着非常重要的作用。

进攻战术基础配合有传切、突分、掩护、策应等配合。

（1）传切配合：是进攻队员之间利用传球和切入所组成的配合。它包括一传一切和空切两种基本形式，是一种最基本的简单易行的战术配合，在竞赛中被经常采用。如图5-13所示，图中④传球给⑤后，立即摆脱对手④向篮下切入，接⑤的回转传球投篮。

（2）突分配合：是指持球队员突破对手之后，遇到对方补防时，及时将球传给进攻时机最好的同伴以进行攻击的一种配合方法。

（3）掩护配合：是进攻队员采取合理的身体动作，用来挡住同伴防守者的移动路线，使同伴得以摆脱防守，创造进攻机会的一种配合方法。根据掩护位置和方向的不同，掩护可分为前掩护、侧掩护和后掩护三种形式。根据掩护者的移动路线、方法和变化，掩护分为反掩护、假掩护、运球掩护、定位掩护、行进间掩护、连续掩护等。掩护配合可以在无球队员之间进行，也可以在无球和有球的同伴之间进行。

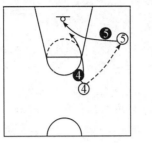 

图 5-13　一传一切配合

前掩护：掩护队员站在同伴的防守者前面，用身体挡住防守者的移动路线，使同伴摆脱防守获得进攻机会的一种配合方法。

侧掩护：掩护者站在同伴的防守者的侧面（稍靠后一些），用身体挡住他的移动路线，使同伴得以摆脱防守的一种方法（见图 5-14）。

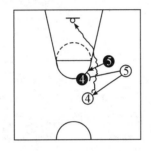 

图 5-14　侧掩护　　　　图 5-15　后掩护

后掩护：掩护者站在同伴的身后得以挡住防守者的移动路线，使同伴借以摆脱防守的一种方法，如图 5-15 所示，⑤传球给④，同时⑥移动到⑤身后给⑤做后掩护。⑤传球后先向左侧做切入的假动作，当⑥掩护即将到位时，突然靠近对方⑤，摆脱对方⑤并向篮下切入，接④传来的球投篮。⑥转身跟进抢篮板球，如果对方换人防守，⑥应及时转身切向篮下，接④传来的球投篮。

（4）策应配合：指处于内线的队员背对或侧对球篮接球，以他为枢纽，与外线队员进行空切、绕切相结合，借以摆脱防守，创造各种进攻机会的一种配合方法（见图 5-16）。

图 5-16　策应配合

2. 快攻战术

在比赛中,趁对方未做好防守部署,以最快的速度形成人数、位置上的优势,果断地进行快速攻击,这就是快攻战术。

(1)快攻的组成:包括快攻的发动、接应与推进。

快攻的发动:组织快攻,首先要有强烈的快攻意识。快攻意识体现在获球后,一传快、起动快、分散快、传球快、突破快、投篮快。

快攻的接应:在抢获防守篮板球时要及时发动快攻,抢得篮板球后的一传要快,接应要快,并学会选位,根据抢篮板球队员的位置选择接应的空间。最好的接应是机动接应,即谁处在有利的位置谁就充当接应者。

快攻的推进:2~3人间的传运突进可到达进攻区域,一般是3人形成一个三角形向前推进。在推进中要强调5人的参与,分散要快,保持纵深队形,5人之间既要保持一定的距离,又要保持紧密衔接。

(2)快攻的类型:快攻就形式而言,可分为长传快攻、短传结合运球推进的快攻两种类型。

长传快攻:是队员在后场获球后,用一次或两次传球把球传给迅速摆脱对手偷袭的同伴的一种方法。这是一种速度快、时间短、配合简单、成功率较高的快攻战术配合,可达到出其不意、攻其不备的效果。抢篮板球后的长传快攻,如图5-17(a)所示。抢篮板球后通过接应发动长传快攻,如图5-17(b)所示。掷界外球通过接应后长传快攻,如图5-17(c)所示。断球长传快攻,即断球后发动长传快攻,一般是在后场防守的队员断获球时进行,如图5-17(d)所示。跳球长传快攻,如图5-17(e)所示。

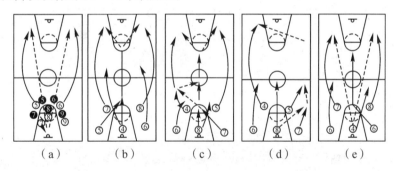

图5-17 长传快攻

短传结合运球推进的快攻:短传推进和运球推进往往是结合运用的。队员在后场获球后,利用快速的短距离传球和运球,短距离传球与运球相结合,迅速向对方球篮推进,创造有利的投篮时机。中路运球推进,如图5-18(a)所示。中路、边路结合和运球、传球结合推进,如图5-18(b)所示。沿边线传球结合运球推进,如图5-18(c)所示。

3. 进攻人盯人防守战术

(1)进攻半场盯人防守:是针对半场盯人防守的特点和规律所采用的进攻战术配合方法,是由各种传切、突分、掩护、策应等基础配合组成的全队进攻战术。常用的基本进攻队形有:"2-3"队形,单中锋外策应落位;"2-1-2"队形,三前锋机动打法;"1-3-1"队形,双中锋上、下站位打法;"1-2-2"队形,双中锋篮下左右站位打法;"1-4"队形,双中锋上提

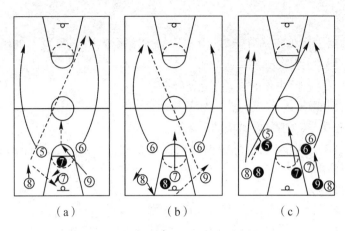

图 5-18 短传结合运球推进的快攻

进攻打法等。

"2-3"队形：为进攻半场人盯人战术。在图 5-19 中，中锋⑤插到右侧罚球线策应，⑦传球给⑤后，摆脱防守并空切篮下接⑤的回传球，④摆脱防守并上插，利用策应接回传球跳投。如⑦、④均不能选择到有利机会，⑤可以利用策应一打一，在转位上⑥补⑦位、③补⑥位，基本保持攻守平衡的位置。

"1-2-2"队形：为双中锋站位进攻半场人盯人战术。在图 5-20 中，⑧传球给⑤并迅速给⑦做掩护，⑦摆脱防守到⑤面前接球投篮或运球突破。如防⑤的队员堵防⑦，⑦可以将球回传给下沉的⑤，另一侧④上提给⑥掩护，拉空左侧篮下区域，⑥利用掩护空切篮下。

图 5-19 "2-3"队形　　图 5-20 "1-2-2"队形

(2) 进攻全场紧逼盯人防守：是一种针对全场紧逼盯人防守的特点和变化规律所采用的进攻战术。配合方法是以进攻半场盯人防守配合为基础，扩大到全场范围，运用传球、突破等个人技术和多人间的战术配合组织全队进攻。进攻全场紧逼盯人防守的方法有固定配合进攻、两侧同时掩护配合进攻、运球突破进攻、掩护配合进攻、策应配合进攻等。攻方队员在球场上要拉开距离，扩大对方的防区，避免对方协防和夹击。进攻全场紧逼盯人防守，要根据队员的特点安排每个人的位置并设计推进路线，掌握好进攻节奏；要多采用短而快的传球，尽量少做横向传球以及高长传球。对方紧逼防守经常是逼迫进攻队加快进攻速度和在中场组织抢断夹击，要多用快速短传、突分、传切等配合来攻击对方的薄弱环节，打乱对方的防守，争取比赛的主动权。

（二）防守战术

防守战术是防守队为了阻挠和破坏对方的进攻，以及力争获得控球权所组织的集体配合形式和方法。

1. 防守战术基础配合

防守战术基础配合是指防守时两三人所组成的配合方法。它是组成全队防守战术的基础。防守战术基础配合包括挤过、穿过、绕过、交换、关门、夹击、补防、围守中锋等方法。

(1) 挤过配合的基本方法：当对方采用掩护配合时，防守队员为破坏对方的掩护配合，趁掩护者给同伴掩护的一刹那，抢前一步贴近自己的对手，并从两个进攻队员之间挤过继续防住自己的对手。防护的队员要及时提醒挤过和做好换防的准备。

(2) 穿过配合的基本方法：当对方进行掩护时，防掩护者要及时提醒被掩护者，并主动后撤一步，让同伴及时从自己和掩护者之间穿过，继续防守对手。

(3) 交换配合的基本方法：指当对方掩护成功时，防掩护者与被掩护者应及时交换自己所防对手的配合方法。

(4) 夹击配合的基本方法：夹击防守是指两个防守队员同时用身体限制持球进攻队员活动范围的方法。两个防守队员挥动手臂封堵持球队员的传球路线，迫使其传球失误或 5s 违例，并同时实施抢球、打球、断球的配合。

2. 半场人盯人防守战术

半场人盯人防守战术，是指由进攻转入防守时，全队迅速退回后场，以人盯人防守为基础，综合运用挤过、穿过、换防、关门、夹击等防守基础所组成的全队防守战术配合的方法。它分为半场松动(缩小)盯人防守和半场紧逼(扩大)盯人防守两种。

(1) 半场松动(缩小)盯人防守：主要是加强内线的防守。对付内线攻击力较强、外线攻击力较弱的队，采用这种防守效果较好。

(2) 半场紧逼(扩大)盯人防守：主要对付外线攻击灵活、投篮准，内线攻击相对薄弱的队。这种战术要以球为主，及时阻止对手的穿插、空切和突破；对近球侧的队员采用紧逼、抢位防守的方法，不让其在习惯的区域获球。

3. 全场紧逼人盯人防守战术

全场紧逼人盯人防守与半场人盯人防守的区别，在于把盯人防守扩大到全场，担任攻转防的每个队员要及时找人，紧盯自己的对手，并限制其活动，破坏对方的集体配合。

全场紧逼人盯人防守战术划分为前场、中场和后场三个区域，具体方法如下。

(1) 前场人盯人防守方法：前场的防守是全场紧逼人盯人防守的重要阶段。在前场本队由进攻转入防守时，队员要迅速找到自己应防守的对手，抢占有利位置，以积极的移动干扰对方的行动，给对手以心理压力，迫使对手紧张慌乱、传球失误和违例，以激发本队的战斗士气。这是以争夺球权为目的的攻击性防守。

(2) 中场人盯人防守方法：当进攻队员进入中场时，防守队员应积极组织防守，破坏对方的进攻配合，控制对方的进攻速度，迫使持球队员按防守意图向边线运球、传球或中线边角处停球，有利于守方夹击和抢断，并使其在慌乱中传球失误或违例。

(3) 后场人盯人防守方法：防守队在前场和中场防守未成功，进攻队已推进到防守队的后场时，防守队应根据具体情况采用相应的防守措施，对持球队员积极封堵，不让其将球传到篮下，并且积极破坏对方的习惯打法和进攻节奏。要远离球区的对手，集中在近球区积极争夺，给对方造成心理压力，促使其出现错误，争取获得球权。

4. 区域联防

区域联防是一种半场防守的全队战术。由进攻转入防守时,防守队员退回半场,每个人分工负责防守一定的区域,严密防守进入该区域的球和进攻队员,并与同伴协同防守,用一定的队形,把每个防守区域有机地联系起来,组成区域联防战术。

(1)"2-1-2"区域联防:5 个防守队员分布比较均衡,移动距离近,便于相互协作,控制篮下,有利于抢篮板球和发动快攻,但不利于防对方的中远距离投篮。

(2)"2-3"区域联防:有利于加强篮下、底线的防守和抢夺篮板球。

(3)"3-2"区域联防:加强了外围的防守,有利于防守外围的中距离投篮和抢断球并发动快攻,但不利于防守篮下和两边场角的投篮。

三、篮球竞赛规则简介

1. 暂停

对于 2×20 分钟的比赛,每队上半场允许暂停两次,下半时允许暂停两次。对于 4×12 分钟的比赛,每队每半场(两节)允许暂停三次。两种时间的比赛,每一决胜期允许暂停一次。球成死球并停止比赛时,或对方投篮得分,可给予暂停机会。未用完的暂停机会不能留给加时赛或决胜期使用。每次暂停时间为 1 分钟。

2. 替换

球成死球并停止比赛计时,或当裁判员正在向记录台报告一起犯规,在他报告完毕时,即可进行替换。发生违例后,只有掷界外球的队被允许替换后,对方才可以替换。下列情况,只有罚球队员可以被替换:①在第一次或仅有一次的罚球,进入比赛状态前提出;②最后一次或仅有一次的罚球成功;或在最后一次或仅有一次的罚球后,由于还要执行后续犯规罚球的缘故,球成死球并处于死球期间时,可允许对方一次替换,但跳球队员不能替换。如无理延误时间,应登记一次暂停。

3. 违例

违反规则的行为而造成犯规统称违例。违例时判对方发球。篮球场上常见的违例有带球走、两次运球、球出界、球过中线、三秒等。

4. 侵人犯规

侵人犯规是指队员通过伸展臂、肩、髋、膝或过分地弯曲身体以不正常姿势阻挡、拉人、推人、撞人、绊人来阻碍对方行动的接触动作。如被侵犯的队员在做投篮动作,投中的话,得分有效,再判给一次罚球机会;如两分投篮未中,判两次罚球机会;三分投篮未中,则判给三次罚球机会。

5. 违反体育道德的犯规

违反体育道德的犯规是指队员不努力去抢球造成的侵人犯规或努力去抢球发生严重的犯规,应判给对方罚球的机会并追加一次发球权。

6. 队员的技术犯规

(1)技术犯规是指队员的言语或举动无意中违犯规则,应判给对方队员两次罚球机会。

(2)违犯体育道德的技术犯规,是指故意地或以一种违犯体育道德的方式造成技术犯规,应判给对方两次罚球机会和随后的发球权。

7. 队员5次或6次犯规

（1）在2×20分钟的比赛中，一名队员的犯规次数已达5次，必须退出比赛。

（2）在4×12分钟的比赛中，一名队员的犯规次数已达6次，必须退出比赛。

8. 全队犯规

（1）在2×20分钟的比赛中，每半场一个队的队员犯规已达7次，此后比赛发生的侵人犯规，应判给被侵犯的队员两次罚球机会。

（2）在4×12分钟的比赛中，每节中一个队的队员犯规已达4次，此后发生的侵人犯规，应判给被侵犯的队员两次罚球机会。

第二节 排 球

排球运动是广大群众和青少年所喜爱的运动项目之一。20世纪末兴起的沙滩排球现已风靡全球。当今，由于材质改变而出现的"软式排球"尤其受到女生们的青睐。

经常参加排球运动的比赛与练习，不但能促进人体各器官系统的正常发育，使身体得到匀称发展，使人动作灵敏，反应迅速，增强弹跳力，而且能培养练习者的勇敢、顽强、果断和集体主义精神等优秀品质。

一、排球的基本技术和练习方法

排球的基本技术是排球运动的基础。比赛中双方队员只有合理地运用发球、垫球、传球、扣球、拦网和移动等基本技术，才能取得良好的比赛效果。

（一）准备姿势和移动

1. 基本技术

准备姿势和移动是排球运动中一项重要的基本功，也是学好各种排球技术的基础。

（1）准备姿势：是练习者为了便于移动或完成某一技术动作而采取的合理的身体姿势。合理的身体姿势是指既要使身体重心处于相对稳定状态，又要便于迅速起动、移动、起跳，以完成击球和拦网动作。

（2）移动：是由起动、移动步法和制动三个环节组成的。起动是移动的开始，在准备姿势的基础上变换身体重心的位置，使身体便于向某个方向移动；移动步法是在起动的基础上，通过移动脚步来改变队员在场上的位置，去完成技术动作和战术配合的行动；制动是移动的结束，要及时克服身体的惯性冲力，保持好击球前的准备姿势。

滑步移动：滑步移动时，一脚向前或向侧方迈出一步，另一脚迅速滑行跟上成准备姿势。

上步移动：上步时，一脚向前迈步，后脚蹬地迈步超过前脚成准备姿势。

跨步移动：当来球较低，距身体1m左右时采用。一脚用力蹬地，另一脚向来球方向跨出一大步，膝部深蹲，重心移至跨出腿上，上体前倾，胸部接近大腿，臀部下降，后腿自然伸直或随重心前移而跟着上步。

后退移动：当球去向后方时，身体应保持较低的准备姿势，两脚交替快速向后退步，重心落在体前。要判断准确，取位恰当，脚步移动要迅速，并密切注视来球。

2. 练习方法

（1）准备姿势的练习方法：①两人一组面对面站立，一人做准备姿势，另一人纠正对方的动作，两人互做互学。②听、看信号做准备姿势，要求判断快、反应快、动作正确。

（2）移动步法的练习方法：①模仿练习，要求动作正确、清楚、舒展。②听、看信号移动，要求判断正确、反应快、动作协调连贯。

（3）准备姿势与移动结合的练习方法：①行进间听到、看到信号即刻制动，并成准备姿势。要求制动脚蹬地及时有力，身体重心保持在两腿间偏前。②移动中或在原地做各种不同的动作（背向站立与坐地，踏步、小步与高抬腿跑，立卧、俯卧撑、转身跳等），听到、看到信号快速冲刺。要求重心变换及时灵活，起动动作快而协调。③用各种移动步法分别做各种长、短距离的折返跑。要求制动与起动连贯、协调。

（4）各种结合球的移动练习方法：①两人一组两球，面对面相距 2～3m，一人抛前、后、左、右球，另一人通过移动对准来球，将球用头顶回。移动动作的要求同上手传球。②两人一组，一人用两球先后抛前、后、左、右，另一人移动接球并抛回，连续做一定的次数之后互换角色。要求根据球的速度、弧度和落点运用移动步法，同时注意节奏与速度。

（二）正面双手传球

1. 基本技术

传球是在全身协调用力的基础上通过手指、手腕的弹力，将球传至一定目标的击球动作，是组织进攻的战术基础。

传球时，首先根据判断对准来球迅速移动和选位，做好准备姿势。当来球接近额前时，两手在额前成半球形，两臂下垂，肘自然弯曲，手腕稍后仰，掌微向内倾，手心斜相对，十指稍屈，拇指相对接近"一"字形；触球时，主要以拇指、食指、中指三指承受球的压力，无名指和小指帮助控制球。传球时，手腕和手指要保持一定的紧张力，利用弹力及伸臂的迎击动作和身体协调配合用力，将球击出（见图 5-21 和图 5-22）。

图 5-21　双手传球手型

图 5-22　正面双手传球

2．练习方法

①原地模仿性传球练习。②移动中的各种模仿性传球练习。③传固定球,两人一组一球,面对而立。一人双手持球由上而下送球,另一人在正确击球点传击球。要求送球位置准确,并适时地稍给球一些下压与上提的助力。练习时,要保持正确的手型,蹬、伸、展要用力有序。④近距离对墙传球练习,体会传球的手型、伸臂的动作和用力的方法。⑤一人抛,一人移动传球；或两人一组,一人定位,一人做向前与两侧移动传球。要求脚步不要有多余动作,注意移动结束部分与击球前动作的协调配合。⑥两人移动相对传球。⑦结合网的左右移动传球。

（三）垫球

1．基本技术

垫球是排球的基本技术之一,是接发球和后排防守的主要技术动作,是组织进攻和反攻战术的基础。

双手下手垫球的动作：做好准备姿势,双手重叠互握,两拇指平行,两臂自然伸直,两小臂靠拢并稍外旋形成平面(见图 5-23)。垫球时,两臂迅速插入球下并夹紧,含胸提肩,手腕应下压,迎球送臂并向前上方抬球时,利用小臂的前半部在腹前把球垫起(见图 5-24)。

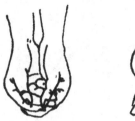

图 5-23　垫球手型

图 5-24　垫球技术

2．练习方法

①做一人抛球、一人垫回的练习。②做对着墙壁连续垫球的动作,逐步提高控制球的能力,进而练习接、垫隔网抛过来的球。③两人相互对垫球练习,由近到远,由低到高,逐步提高垫球的技能。④3 人一组一球,等边三角形站立转方向垫球,要求正确判断来球的方向,

身体快速移动,选好正面垫球的位置,面对来球方向控制好垫球的弧度与力量。⑤两人一组一球,发球、接球者相距7~8m,一人掷一人垫。做好接发球的基本动作。结合场地接发球,先垫直线到网前的球,再垫转方向到网前的球,同时可接对方后场区发来的球,再接发球区发来的球。⑦全队5人接发球,注意各位置的接球特点和各位置间的分工与配合,解决好场上薄弱区的配合。⑧两人一组一球,距离4~5m,一人掷一人防,注意防守的基本动作。

（四）发球

1.基本技术

发球是将球抛起后,用一只手(或手臂的部分)将球击向对方场地而进入比赛过程的一种技术动作。

（1）正面上手发球:正面对网,左脚稍前,两腿自然开立,左手持球于体前。发球时,左手垂直上抛球于右肩稍前上方高于击球点2~3个球的高度;同时,右臂抬起屈肘后引与肩平,手掌自然张开,上体稍右转,抬头,挺胸,展腹,重心稍偏后;击球时利用蹬地转体和快速收胸腹动作,依次带动肩、大臂、小臂与手腕、手指向前上做弧形挥摆,以全掌击球的后中下部,手包球用力推压,使球前旋飞行(见图5-25)。

图5-25　正面上手发球

（2）正面下手发球:正面对网,左脚稍前并自然开立,左手持球于腹前。发球时,左手轻抛球于体前右侧离手的高度约20cm处,同时右臂以肩为轴直臂后摆。击球时,右脚蹬地,右臂以肩为轴前摆,身体重心随之前移;手指并拢,手腕紧张,呈勺形,直接击球的后下部(见图5-26)。

图5-26　正面下手发球

2. 练习方法

①徒手模仿练习抛、摆、挥动。从听口令按节奏做,到个人体会按节奏做。要求掌握动作的全过程和有节奏地协调用力。②从端线内短距离发球到发球区隔网对发。要求整体动作正确规范,击球过网。③挥臂练习。要求有节奏,轨迹正确。④对墙(或挡网)短距离(4~5m)发球。要求动作舒展、连贯。⑤2对2或3对3接发球比赛,统计得分率,要求心理稳定,对抗性强。

(五)扣球

扣球是利用助跑速度,用力蹬地制动起跳,在空中以身体的收腹、爆发力和快速挥臂,最后用全手掌击球的一种技术动作。它是由准备姿势、判断、助跑、起跳、空中击球和落地等动作组成。这里主要介绍正面扣球的技术。

1. 基本技术

由稍蹲准备姿势开始,助跑时左脚先向前迈出一步,接着右脚迅速跨出一大步(落地时注意制动),同时两臂自体侧划弧后摆,左脚同时并上与肩同宽,踏在右脚之前,脚跟过渡至前脚掌内侧右转踏制动,随之双脚蹬地起跳,两臂由后经下向上积极挥摆;起跳后挺胸展腹,上体稍右转,右臂屈肘后上引,身体成反弓形;挥臂时,以迅速转体和收腹动作,依次带动肩膀、肘、腕各关节成"鞭打"动作向前上方挥动。击球时,以全掌击球的后中下部,同时手指、手腕前屈推压,使球加速前旋飞出。击球后,落地缓冲,稳定重心,准备做其他动作(见图5-27)。

图5-27 扣球

2. 练习方法

①徒手模仿练习,注意用力的顺序和节奏。②扣固定球练习,要求击球点正确,臂甩直,成"鞭打"姿势。③自抛自扣练习,一人一球对墙自抛自扣或连续扣练习;或两人一球相互面对,要求相距6~7m,抛球高度为1m左右。④一抛一扣练习,一人在扣球者右侧(约1m)抛球,另一人对墙或在低网前扣球。要求抛球或传球为垂直高球,扣球者的动作必须规范、连贯。⑤听口令做两步助跑起跳练习,应注意步幅、速度、动作的节奏和连贯性,并注意结合挥臂的动作进行。⑥徒手助跑、起跳、扣击吊球。⑦助跑起跳扣4号位的吊球,应注意起跳点正确,动作流畅连贯。⑧4号位扣球练习,应注意动作连贯,起跳点正确,起跳时机恰当。

(六)拦网

1. 基本技术

拦网是通过队员跳在空中用手和手臂部分在网上沿附近拦击对方打过来的球的一种防中有攻的技术动作。拦网不仅是与扣球相抗争的第一道防线,而且已成为得分的重要手段,具有进攻与防守的双重性质。

拦网可分为单人拦网和二三人相配合的集体拦网。单人拦网和集体拦网的技术相同,都由准备姿势、移动、起跳、空中动作、落地等组成。

(1)准备姿势:队员两脚左右开立,约与肩同宽(或略宽于肩);两膝弯曲,上体稍前倾,重心落在两脚之间和两前脚掌上;两臂放松屈于胸前(或两肩前方),眼睛注视对方的进攻队员(见图5-28①)。

(2)移动:常见的移动步法有一步、并步、交叉步和跑步等。移动结束时要做好制动动作,以免触网或冲撞同队队员。

(3)起跳:两腿屈膝以降低重心,随即两脚用力蹬地。两臂以肩发力,以大臂为半径,在体侧做屈膝下振的小弧形摆动,使身体充分伸展,并迅速向上跳起(见图5-28②)。

两膝弯曲下蹲的幅度因人而异。腿部力量强者下蹲幅度可以大些,反之小些。在比赛中根据对方进攻的情况,两膝下蹲幅度也不相同。拦强攻时要下蹲多些,拦快球时就要幅度小而踏跳快。

(4)空中动作:①手臂动作,随着身体向上腾起,两手经由脸前向上伸直,两手臂之间的距离应以不漏球为宜(见图5-28②)。②击球手型,两掌凹成勺形,手指张开呈半紧张状态(见图5-28③)。③拦击动作,拦网时两手要尽可能地包住球。在拦击球时,要向上提肩,使手臂尽量上伸。此时,手指紧张,大拇指与小指尽量外伸,手腕下压并用力弹击球(见图5-28④⑤)。

(5)落地:拦击球后要做含胸制动动作,以保持身体的稳定性。手臂不能放松随意下摆,要先直臂后摆,然后再屈臂贴近身体下放,以免触网违例。身体落地时,应以前脚掌先着地并屈膝,以缓冲下落的力量和保持身体的稳定性,及时做好连接下一个动作的准备姿势(见图5-28⑥)。

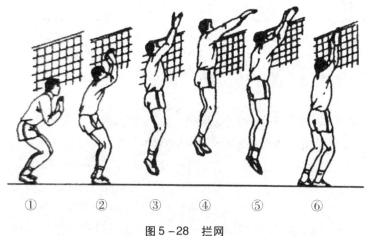

图5-28 拦网

2.练习方法

①徒手原地体会手形和手法,要求动作清晰规范,小臂上升但不要压网。②在网前依次做移动、选位、起跳、伸臂拦击、落地动作和上述动作相互结合的练习。③网上吊球,做跳起拦网动作练习,体会双手臂伸出网上和手腕下压"包球"的动作。然后一个人将球抛过网(比网稍高),隔网站立的人练习起跳拦网。④做一人扣球、一人拦网的练习。⑤网前由教师高台扣击,学生轮流进行原地跳起拦网练习。⑥跳起拦对方固定路线的扣球练习,应逐步做到判断准确,起跳时机恰当。

二、排球的基本战术

排球比赛是比赛双方运用进攻与防守战术相互对抗并不断转化的过程。

排球战术是指运动员在比赛中根据临场的变化和发展,灵活、合理地运用技术,并按照一定的形式组织的有目的、有针对性的配合行动。

(一)排球基本战术的阵形和"取位"

1.接发球与合理取位

接发球进攻也称为第一次进攻,简称为"一攻",它包含着防守和进攻两方面的内容。首先要接起对方发过来的球,并力争将球垫到位,然后组织各种有效的进攻战术。

(1)正确判断与合理取位:接发球的成功,很大程度上取决于正确的判断和合理的取位。人们常说的"远飘、轻飘分散站,平快、大力一条线",就是这个道理。

(2)明确接球的范围:接发球时,队员要互相明确各自接球的范围,避免造成让球和抢球的现象。队员的站位要注意合理性和实效性,应根据接发球技术掌握的情况而定。技术好的队员接球范围可大一些;反之,则可小一些。需要强调的是,进攻队员应先准备接球,再准备进攻,切忌只想扣球不准备接球。

2.接发球站位的基本阵形

为了合理地接起对方的发球,并垫到预定的位置,场上队员的站位还应根据本队采用的进攻战术来确定;同时,也要考虑对方的发球方法,根据各种发球的性能、速度、线路来采取相应的阵形。

如攻方采用"中一二"进攻战术时,守方接发球可站成"W"阵形;当攻方换位后组织"中一二"进攻战术时,守方可采用"一二一二"的阵形;如果攻方采用"边一二"进攻战术时,守方则应站成"一三二"的阵形,或称为"边一三二"的阵形。

(二)排球进攻战术

进攻是掌握主动,夺取比赛胜利的重要手段。进攻战术主要有"中一二""边一二""后排插上"三种形式。

1."中一二"进攻战术

"中一二"进攻战术的基本配合方法:由前排3号位队员担任二传,其他5名队员都准备接球,由其中一名合适的队员将来球垫(传)给二传队员,再由二传队员将球传给4号位或2号位队员做进攻的配合方法。这是进攻战术系统中最基础、最简单的一种进攻战术。

2."边一二"进攻战术

"边一二"进攻战术与"中一二"进攻战术有许多相同之处,都是前排只有两名进攻队员。其不同之处是二传队员不是站在3号位,而是站在2号位与3号位之间,将球传给3号位或4号位队员进攻。

3."后排插上"进攻战术

"后排插上"进攻战术是现代排球的主要战术形式。其是由站在后排的二传队员在对方的发球击出后,或由本队队员将对方进攻的球防起后,或对方的第三次击球不可能进行强有力的进攻时,迅速插到网前担任二传,将球传给前排3个进攻队员中任何一个队员进行扣球进攻,其他两个队员佯装进攻做掩护。这种进攻战术被称为"后排插上"进攻战术。

(三)防守战术

排球的防守是由前排拦网和后排防守两部分组成的,因此防守战术分为单人拦网防守战术、双人拦网防守战术和集体拦网防守战术。本节重点介绍单人拦网和双人拦网防守战术。

1. 单人拦网防守战术

单人拦网已不仅仅是由于对方扣球而使用,更重要的是快速多变的进攻战术的发展,比赛中常因无法组成集体拦网而采用。一般是由相对于对方扣球队员位次的队员进行拦网,同时就近的队员进行保护,以预防对方吊球。

要成功地实现单人拦网,首先应提高个人独立作战的能力。采用单人拦网时,如对方吊球多,则6号位上前准备防吊球;如对方吊球较少,扣球线较长,变化不大,则6号位可适当后撤。

2. 双人拦网防守战术

当采用双人拦网防守战术时,后排通常有两种情况:一种情况是以6号位跟进(心跟进),即6号位队员跟进防吊球及前区球;另一种情况是以1号位或5号位队员跟进(边跟进)防吊球及前区球。至于两边由谁跟进,应视前面拦网队员的情况而定。

防守位置的变化应随着对方进攻战术的改变而临时确定。在实际运用中,无论采取哪一种跟进技术,都应以控制对方的进攻为目的而灵活变化。

三、排球竞赛规则简介

1. 场地和网高

排球的场地为长方形平面,长18m,宽9m,四周应画有5cm宽的界线,线的宽度应计算在球场面积之内(见图5-29)。

正式比赛的场地,男子网高为2.43m,女子网高为2.24m。一般基层或少年比赛的网高,可以根据具体情况自行确定,男子一般为2.24~2.30m,女子一般为2~2.1m。

2. 比赛规则

(1)持球:当球在队员身体的任何部位停留时间较长时,则可判为持球。如球出手过缓、向上捞球、向下推送球或左右搬球,均为持球。

(2)连击:一名队员明显地连续两次击球,而在这两次之间其他队员没有触球,则可判为连击。但队员拦网后允许再击球一次。

(3)触网犯规:在比赛进行时,场上队员身体的任何部位如触及球网(包括标志带以外

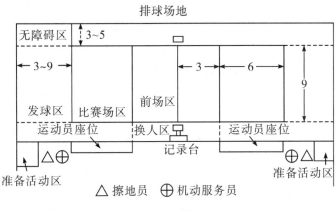

图 5-29 比赛场地(单位:m)

的球网及网绳),则判为触网犯规。但以下情况不属于触网:比赛成死球后的触网;一方队员击球入网而造成另一方的队员触网。

(4)发球队员违例:发球队员发球时踏及端线或踏过发球区的短线;未将球抛起;裁判鸣哨后5s未将球发出。

(5)四次击球:比赛进行中,一方连续击球三次未过网,则判为四次击球。

(6)过中线:比赛进行中,队员身体的任何部位越过中线触及对方场地,判为过中线。但如果一脚或双脚踏中线,而未全部过中线(包括投影),则不判犯规。

(7)位置颠倒:一方发球队员发球时,两队中的任何一方队员未按规则中规定的位置站好,如队员左右错位、前后错位,则应判为位置颠倒。

(8)界外球:球落在场内界线外或球从标志杆外过网(包括触及标志杆或触及场外任何物体),为界外球。

(9)过网:甲方队员完成击球过网动作前,乙方队员的手触及甲方场区上空的球时,乙方队员为过网。扣球时,击球点越过球网上沿的垂直面时,则为过网;如击球后手随球过网,则不判过网。

(10)位置轮换:比赛开始时,先由一方的1号位队员在发球区内发球,如得分继续发球,如失分即换对方发球。获得发球权的一方,应先按顺时针方向轮换一个位置,再由轮到1号位的队员发球。

(11)后排违例:后排队员在限制线前或踏及限制线,将高于球网上沿的整个球体直接击入对方场区,则判该队员后排违例。

(12)比赛制度:全场比赛采用五局三胜制或三局二胜制(非正式比赛)。每局先得25分者为胜者,双方积分在24∶24、25∶25……时,应继续比赛,最后先得2分者为胜者。在决胜局中,某一队得8分时,两队交换场区,不得更换场上队员位置,由交换场区前最后一次发球的队员继续发球。决胜局中以先得15分者为胜者,当双方积分在14∶14、15∶15时,应继续比赛,最后先得2分者为胜者。比赛时,两队中任何一方发球、击球、拦网成功或对方失误与犯规,均得1分,并发球。

第三节　足　球

足球运动被称为世界第一运动,它是一个对抗紧张激烈而富有魅力的集体项目。

足球运动是一项深受大学生喜爱的运动项目。经常从事足球运动,可有效增强体质,提高心肺功能和机体的适应能力,培养人的顽强意志、团结协作精神和优良品质,还能满足人的生理、心理和社会等方面的需要,并有超出足球本身范围的作用和影响。

一、足球的基本技术和练习方法

足球技术是指运动员在比赛中,运用身体的合理部位所做的各种动作方法的总称。

常用的足球基本技术有踢球、停球、顶球、运球、传接球和运球过人、抢截球、假动作、掷界外球和守门员技术。

(一)踢球

1. 基本技术

踢球是指运动员有目的地运用脚的不同部位将球击向目标的动作方法,是进行足球比赛活动的主要技术动作,它在比赛中是以传球和射门的形式体现的。

踢球的方法很多,但其动作过程都是由助跑、支撑、摆动、击球和随前动作五个部分组成。本节主要介绍脚内侧(脚弓)、脚背内侧、脚背外侧踢球的技术。

(1)脚弓踢球:直线助跑,支撑脚距球侧方 15cm,用摆动腿的脚弓击球的后中部(见图5-30)。

图5-30　脚弓踢球

(2)脚背正面踢球:直线助跑,最后一步稍大,支撑脚立足于球侧方;摆动腿的脚背绷直,用脚背正面击球的中后部(见图5-31)。

(3)脚背内侧踢球:是用脚背内侧部位击球的一种方法,其特点是腿的摆幅大,出脚有力。因助跑方向、支撑腿的立足选位灵活性较大,因而出球的变化幅度也较大,常用于中距离传球、踢弧线球、过顶球和转身踢球(见图5-32)。

(4)脚背外侧踢球:要领与脚背正面踢球相同,只是触球的一刹那,踝关节和脚背用力向内侧扭转,脚面绷直,脚趾扣紧,用脚背外侧踢球的后中部。踢球后,踢球腿自然前摆(见图5-33)。

图5-31　脚背正面踢球

图5-32　脚背内侧踢球

图5-33　脚背外侧踢球

2．练习方法

（1）模仿性练习：练习者对标志物或固定球做上步摆踢动作。

（2）踢定点球练习：可对着足球墙、网自练，也可采用各种形式的对练；练习距离可由近至远，由踢固定目标过渡到踢活动目标。

（3）踢地滚球练习：可踢从正面、侧面或侧后方传来的地滚球；可限定脚法，也可视来球情况任意选用脚法练习。

（4）踢空中球或反弹球练习：可对着足球墙、网自抛自踢，也可两人配合进行抛踢练习。既可从正面抛球，也可从侧面抛球。

（5）踢地滚球或空中球、内旋球或外旋球：可由踢定位球发展为踢地滚球或空中球，可踢内旋球或外旋球。

（二）停球

1. 基本技术

停球技术是指运动员在比赛中,有目的地运用身体的合理部位,将运行中的球接控在所需要的范围内。

下面主要介绍脚部停球的基本技术。

当接停地滚球、反弹球或是接空中球时,将脚弓对准来球,小腿及停球脚放松。

（1）脚背正面停球：当接停空中球时,将脚背正面对准来球,小腿及停球脚放松,根据来球的速度和力量的大小,停球脚向后下方缓冲。

（2）大腿停球：当接停空中球时,将大腿正面对准来球并放松。

（3）胸部停球：面对空中来球,重心前移,上体后仰,挺胸迎球,将球弹起改变其运行路线,消耗其能量,使球落于自己控制的范围内（见图5-34）。

图5-34 胸部停球

2. 练习方法

①原地徒手模仿性练习与个人试做。②每人一球,先向上抛球,再用脚掌、脚内侧、脚背外侧等部位进行停反弹球的练习。③两人一组一球,相距10m左右,一人抛弧线高球,另一人迎上用脚掌、脚内侧或腹部停反弹球。

（三）头顶球

1. 基本技术

头顶球技术是指运动员在比赛或练习当中,为了争取时间,抢占空间,有目的地运用头的前额部位直接处理空中球所做出的各种击球动作方法的总称。其方法有原地顶球、跳起顶球和鱼跃顶球等。

（1）原地前额正面顶球：正对来球,两腿与两手自然分开,两眼向前注视来球,身体成背弓状,收下颌；顶角球时,脚蹬地,身体重心前移,颈部紧张,快速收腹甩头,用前额正面顶球的中后部（见图5-35）。

（2）跳起前额侧面顶球：助跑起跳后,身体在空中成背弓姿势；顶球时,快速收腹、折体和甩头,用前额侧面顶球的中后部（见图5-36）。

（3）鱼跃顶球：判断好来球,双脚或单脚用力蹬地,身体水平跃出,两臂微屈并前伸,注视来球,利用前跃的冲力顶球；顶球后,手臂、胸、腹和大腿依次着地或身体侧转滚动着地。

图 5-35　原地前额正面顶球

图 5-36　跳起前额侧面顶球

2. 练习方法

①每人一球,自抛自顶或头部颠球。②两人一球,相距 5m 左右相互对抛,用前额正面、侧面原地或跳起顶球。

练习要求:注意头部顶球的部位和顶球的时间,顶球时要睁开眼睛。

(四)运球与运球过人

1. 基本技术

运球技术与运球过人是指运动员在跑动中,用脚的推拨动作有目的地使球保持在自己控制的范围内而做的连续触球动作。

下面主要介绍运球的基本技术。

(1)脚背正面运球:身体放松,上体前倾,步幅较小,运球脚屈膝,脚跟上提,脚尖向下,用脚背正面推拨球的后中部。

(2)脚背内(外)侧运球:上体前倾,运球脚屈膝,脚跟上提,脚尖外(内)旋,用脚内、外侧拨球的后中部。

2. 练习方法

①每人一球,用脚背正面、内侧和外侧进行直线往返运球,运球距离约 20m(见图 5-37)。

②每人一球,用脚背正面、内侧或外侧进行8字运球。③每人一球,用脚背内侧或外侧进行运球,过5~8个障碍并直接射门。

图5-37 练习直线往返运球

3. 练习要求

正确运用脚的部位,尽量将球控制在自己的范围内。

(五)抢截球

抢截球是积极防守中的一种有效手段,其目的是将对手控制的球抢夺过来转守为攻。它是在规则允许的条件下,利用头、脚、胸等部位采用合理的冲撞动作和铲球动作将对方控制的球抢断或破坏掉。抢截球技术包括抢球、截球、封堵和破坏四种。常从正面、侧面、侧后面抢球和通过踢、顶、铲、停等动作来截断球。

1. 正面抢球

正面抢球是防守者正面对持球者所实施的抢球方法,包括正面跨步和正面倒地铲球(见图5-38)。

2. 侧面抢球

侧面抢球是通过侧面冲撞或铲球来完成抢球的方法(见图5-39)。

图5-38 正面抢球

图5-39 侧面抢球

3. 练习方法

①正面抢断球,可做跨步抢断球的模仿练习。②侧面抢断球,可做无球慢跑的合理冲撞

练习。③侧后面抢断球,可做倒地铲球模仿动作的练习。④行进间向左、右侧前交替做蹬跨抢断动作。⑤进行2对2、3对3、5对5的等数盯抢或分队比赛。

练习时,可在10m×20m~30m×50m的场地的四面各设一球门(2m宽),但无人防守,只要球进门即算得一分。要求学生严肃认真地参与比赛。在对抗过程中,既不能有意伤害对手,又应进行有效的自我保护。

(六)掷界外球

1. 基本技术

掷界外球是指运动员在比赛中,将越出边线的球,按照规则与要求,面对球场有目的地用双手将球从头后经过头顶掷入场内且两脚均应有一部分站立在边线上或边线外,不得全部离地的动作方法。

(1)原地掷界外球:面对出球方向,两腿前后开立,膝关节弯曲,上体后仰成背弓形,重心在后脚上,两手自然张开,拇指相对,持球的后半部,屈肘将球置于头后。掷球时,后脚用力蹬地,收腹屈体,同时两臂急速前摆。当球摆到头上时,要用力甩腕并将球掷入场内(见图5-40)。

图5-40 原地掷界外球

(2)助跑掷界外球:助跑时,两手持球于胸前,在最后一步踏地的同时,两手持球上举过头,两脚应前后开立。若助跑速度较快,在最后两步也可采用垫步的方法以控制身体向前的冲力。其掷球要领同前。

2. 练习方法

①模仿练习。②原地掷界外球练习。③助跑掷界外球练习。

(七)守门员技术

1. 基本技术

守门员技术是指守门员运用身体的合理部位,在规则的允许下所采取的有效动作和方法,或在接球后所做的有助于本队进攻的动作与方法。守门员技术包括位置选择、准备姿势、移动、接球、扑球、拳击球、托球、手掷球和踢球等。

2. 动作要领

(1)准备姿势和移动:两腿微屈,左右开立,两臂在体前自然弯曲,两眼注视来球。移动主要采用滑步、交叉步和跑步等方法。

(2)接球:手型、接地滚球、接弧线高球及侧扑球见图5-41所示。

3.练习方法

①两人一组,一人用手抛地滚球、抛高球或踢高球,另一人练接球。②侧扑固定球。③结合射门,进行接扑球练习。

4.练习要求

注意选位,正确运用接球手型及快速移动。

二、足球的基本战术

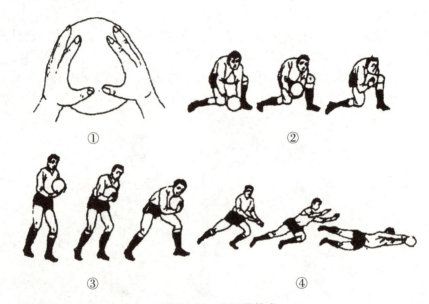

图5-41 守门员技术

(一)足球战术概述

在足球比赛的攻守过程中,为战胜对手,根据主、客观的实际情况而采取的个人行动和集体配合,总称为足球战术。足球的基本战术主要包括比赛阵形、进攻战术、防守战术和定位球战术等。

(二)足球的比赛阵形

队员在场上的排列形式和职责就构成了比赛阵形。队员的排列位置依次分为后卫线、前卫线和前锋线。守门员的职责是固定的,不计算在内。

随着足球运动技术和战术的发展以及规则的调整,比赛的阵形也在不断演变。目前主要采用"4-3-3""4-4-3""4-3-2"等阵形。

1."4-3-3"阵形

"4-3-3"阵形的特点:中、前场力量较强,机动性大,易发挥二、三线队员的潜力。锋线人员为3人,后卫队员可视战斗情况,在一定时候也参加进攻(见图5-42)。

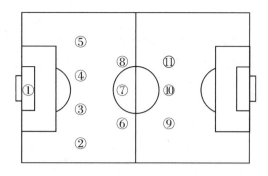

图 5-42 "4-3-3"阵形

2."4-4-2"阵形

"4-4-2"阵形的重心在防守,锋线上只有两人容易诱使对方全体队员压上而造成防守空隙增大,有利于快速反击,锋线队员可以与中后场队员左右、前后交叉换位,机动性更强(见图5-43)。

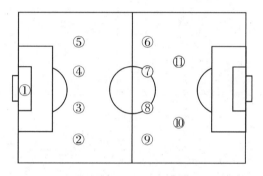

图 5-43 "4-4-2"阵形

3."4-3-2"阵形

"4-3-2"阵形在防守时可迅速形成由多人组成的稳固防线,进攻时则形成"3-4-2"阵形。两个边后卫可沿边线攻守或与同侧前卫纵向换位,以增强攻守的力量(见图5-44)。

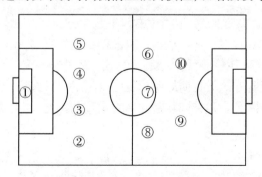

图 5-44 "4-3-2"阵形

教练应根据比赛对手和本队的特点选用合适的阵形,但队员在实际应用中不要受阵形的束缚。

(三)进攻战术

在足球比赛中,为确保比赛的胜利,必须遵循进攻战术原则,即快速进攻原则;充分利用空间原则;机动灵活、随机应变原则;整体进攻、争取局部优势原则;攻中寓守原则。

1. 摆脱、跑位、接应、射门

队员利用突然起动及快速奔跑的方法,有意识地摆脱对方,接应同伴或制造空当,直至射门。

2. 局部进攻战术

局部进攻战术主要是以二三人配合为主,是全队进攻战术的基础。例如,二过一的方法有五种:斜传直插、直传斜插、踢墙式二过一、反切式二过一和迂回式二过一(见图5-45)。

 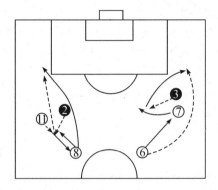

图 5-45 局部进攻战术

3. 整体进攻战术

整体进攻战术包括边路进攻战术和中路进攻战术。

(四)防守战术

在足球比赛中,为确保比赛的胜利,必须遵循防守战术原则,即延缓对方进攻速度原则、阻止对方起脚射门原则、守中寓攻原则。

1. 个人防守战术

个人防守战术是整体防守的基础,主要有以下几个方面。

(1)选位:是指防守队员在比赛中根据比赛的情况选择自己所应该占据的合理方位。原则上是站在对手与本方球门中心两点构成的边线上(见图5-46)。

(2)保护:是指相邻防守队员在防守时位置层次上的保护布置。

(3)补位:是指防守队员去弥补同伴在防守时出现的漏洞。

2. 整体防守战术

整体防守战术主要包括盯人防守、区域防守、混合防守和造成越位战术(见图5-47)。目前采用混合防守战术较多,如三个后卫盯人、中后卫负责补位、前卫和前锋分区域盯人。

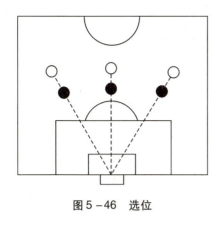
图 5-46 选位

图 5-47 整体防守战术

(五)定位球战术

定位球战术对比赛胜利起着十分重要的作用,它包括中圈开球、掷界外球、开球门球、罚点球、踢角球、踢任意球等的攻守战术,各队尤其重视踢角球和在对方罚球区附近踢任意球的战术。

三、足球竞赛规则简介

1. 足球场地及球的规格

足球场地必须是长方形的,国际比赛的场地要求长 100~110m,宽 64~75m。球为圆形,其充气后,周长为 68~70cm,重量为 410~450g,压力应相当于 0.6~1.1 个大气压。

2. 场地各线、各区域和点

场地各线、各区域和点如图 5-48 所示。

3. 越位

当队员在对方半场内较球更接近对方球门线,同时他与对方球门线之间对方队员少于两人时,该队员就处于越位位置。裁判员认为越位位置的队员仅仅处于越位位置(指未干扰比赛、未干扰对方或未获得利益),或直接接得球门球、角球或界外掷球,不应判为越位。进攻队员平行于对方倒数第二个队员(或两个以上队员)时,不属于越位。

4. 犯规与不正当行为和任意球

在比赛中,队员出现下列情况之一时,都应判为犯规,由对方踢直接任意球:踢或企图踢对方队员;绊摔对方队员;跳向对方队员;冲撞对方队员;打或企图打对方队员;铲球时,于触球前触到对方队员;拉扯对方队员或向对方队员吐唾沫;故意手球。在本方罚球区内,本队出现上述情况之一时,则由对方罚点球。

队员在违反下列情况之一时,应判为犯规,由对方踢间接任意球:裁判员认为其动作具有危险性;当球不在有关队员的控制范围之内时,目的不是为了争球而是用肩部去做所谓的合理冲撞;队员不去踢球而阻挡对方队员;冲撞守门员(下列情况除外:守门员抓住球时,守门员阻挡对方时,守门员在本方球门区以外时);守门员在本方罚球区内用手控制球向任何方向持、拍球或向空中抛球再接住,行走 4 步以上而未使球进入比赛状态,或者虽已使球进入比赛状态,但未经对方或本方罚球区外的队员触球;裁判员认为守门员由于战术上的目

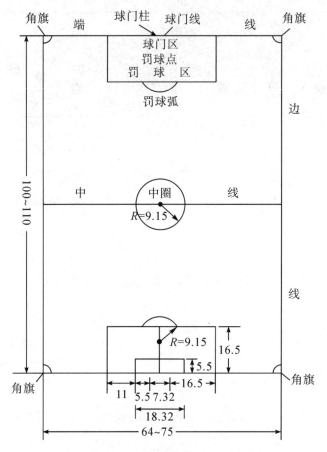

图 5-48　国际比赛足球场地线、区域和点（单位：m）

的,有意停顿和延误比赛时。

队员出现下列情况时,应被警告并出示黄牌:比赛开始,未经裁判示意允许而擅自进出场者;队员连续违反规则;用言语或行动对裁判员的判决不满者;有不正当行为者。有下列情况之一者,应罚令其出场并出示红牌:犯有暴力行为;严重犯规;乱用污言秽语或进行辱骂;经黄牌警告后,又出现二次可警告的犯规。在队员未违反其他规则而出现上述红、黄牌的情况下,应由对方在犯规地点踢间接任意球,恢复比赛。

第四节　乒乓球

乒乓球运动是指双方用球拍在中间隔有横网(网长 183cm、高 15.25cm)的长 274cm、宽 152.5cm 的球台上轮流击球的一项运动。球呈白色或黄色,用赛璐珞制成,因打球时有"乒乓"之声而得名。

乒乓球运动的特点是球小、速度快和变化多,不同身体条件、年龄和性别的人都可以参加,场地设备比较简单,运动量可大可小,健身价值较高。乒乓球在我国的普及程度较广,许多乒乓球运动员在世界赛场上为祖国争得了荣誉,为我国外交政策的开展、为推动世界乒乓球运动的发展做出了巨大贡献。

一、乒乓球运动的基本技术和练习方法

(一)握拍法

1. 直拍握法

(1)快攻型握拍法(简称中钳式握拍法):拍前以食指第二指关节和拇指第一关节扣拍,两指间的距离为 1~2cm,拍柄贴住虎口;拍后三指自然弯曲,贴于球拍的上端三分之一处(见图 5-49)。

图 5-49　快攻型握拍法

(2)弧圈型握拍法:拇指在拍前紧贴拍柄的左侧,食指扣住拍柄呈环形,其余 3 指在拍后自然弯曲,抵住球拍中部(见图 5-50)。

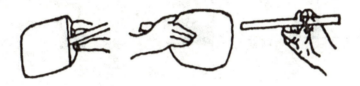

图 5-50　弧圈型握拍法

2. 横拍握法

横拍握法时虎口贴拍,食指在拍前,拇指在拍后(见图 5-51)。正手攻球时,食指稍向上移动;反手攻球时,拇指稍向上移动。

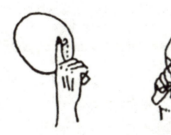

图 5-51　横拍握法

(二)准备姿势与站位

1. 准备姿势

两脚平行站立与肩同宽或稍宽,两膝稍屈内扣,脚跟稍提起,前脚掌着地,保持身体平衡,稍含胸收腹,上体稍微前倾。持拍手臂自然弯曲,球拍放置于腹右侧前面 20~30cm 处,

拍形近垂直状。

2. 站位

(1)快攻型:①左推右攻打法,基本站位离球台 30~40cm,偏右。②两面攻打法,基本站位离球台 50cm 左右,在中间偏左。

(2)削球型:①横拍攻削结合打法,站位应在中台附近。②以削为主配合反攻的打法,站位应在远台。

(三)挡球与推挡球

1. 挡球

挡球主要是借助于对方来球的反弹力将球挡回。挡球应在上升期击球的中部,拍形与台面接近垂直。回球速度慢,力量轻。

2. 快推

借力还击,回球速度快,力量较轻,落点变化多而快。推挡时,持拍手的上臂和肘关节内收,前臂略向外旋;击球时,前臂开始向前推出,拍形前倾,在上升期击球的中上部(见图5-52)。

图 5-52 快推

3. 加力推

回球力量重,速度快,击球点较高。击球前,前臂后收,击球时主要靠前臂向前推压发力,在上升期后段或高点期击球的中上部。

4. 下旋推

回球下旋,弧线较低,球下沉快。击球时,拍面保持一定的后仰,在上升期后段击球的中下部。推击时,增大向前、向下的力量,以压低回球弧线。

5. 练习方法

①按照握拍法的动作要求,做推挡的徒手练习。②两人一组,进行推挡练习,速度可由慢到快逐渐加速(落点要准、线路不变)。

(四)攻球

攻球是比赛中争取主动和得分制胜的重要技术,它具有速度快、力量大的特点。攻球可分为正手攻球和反手攻球。它包括快攻、快点、快拉、突击、扣杀、中远台攻球等技术动作。

1. 正手攻球

站位,左脚稍前,身体离台约 50cm。击球前,引拍至身体右侧,上臂与身体成 35°角,与前臂成 120°角。击球时,手臂由右侧向左前上方迅速挥动,以前臂发力为主,食指放松,拇指压拍,使拍形呈前倾状,配合手腕的内转动作,在上升期击球的中上部。击球后,球拍顺势挥至头的前部(见图5-53)。

图5-53　正手攻球

2.反手攻球

站位,左脚稍前或两脚平行,身体离台约50cm,前臂自然弯曲。击球前,将球拍引至腰前偏左的位置;击球时,前臂和手腕向右前上方挥动,同时配合外旋转腕的动作,使拍形呈前倾状,在上升期击球的中上部;击球后,球拍顺势挥至右肩前(见图5-54)。

图5-54　反手攻球

3.练习方法

①徒手做正手快攻的模仿练习。②徒手做反手攻球的模仿练习。③做正手快攻、正手攻台内球练习。④做正手侧身攻球、反手快攻练习。

(五)搓球

1.搓球种类

搓球分正手搓球、反手搓球、快搓、慢搓、搓转与不转球等(见图5-55)。

图5-55　搓球

2.练习方法

①徒手模仿搓球动作。②自己向球台抛球,待球弹起时搓球过网。③一人发下旋球,另一人搓球过网。

(六)发球

1. 发球种类

发球有正手发球、反手发急球与发短球、正手发转与不转球、正手发侧上(下)旋球、反手发侧上(下)旋球。

2. 练习方法

①徒手做发球前的准备姿势,模仿抛球和各种发球动作。②进行各种发球练习。先练习发斜线球,后练习发直线球;先练习发不定点球,再练习发定点球。③练习发各种具有旋转性能的球。④练习用同一种手法发不同旋转和落点的球。

(七)接发球

1. 接发球要领

接发球技术的运用往往是被动的,但被动也可以转化为主动,只要在接发球时能够对对方发球的旋转、落点等变化作出准确的判断,并且果断、合理地运用接发球技术,就能摆脱被动,掌握主动权。

2. 练习方法

①开始练习接发球,最好固定用推挡、搓球或攻球中任何一种技术去接对方的单一发球(可用多球练习)。②练习接各种旋转球的技术,以适应接发球的不同旋转性能的变化,提高判断旋转球的能力。

二、乒乓球的基本战术

(一)发球抢攻打法

发球在比赛中如果运用得好,再结合迅速有力的抢攻,就能先发制人,争取主动。

发球抢攻的打法一般有下列四种:

(1)侧身发正手左侧上旋、下旋球到对方反手位,角度要大,要长短结合(适当偷袭对方的正手直线,使对方不敢轻易侧身)。

(2)发反手右侧上旋球、下旋球,长短结合。

(3)发转与不转球到对方正手近网处或反手位,然后侧身抢攻。

(4)发正、反大角度急球,迫使对方回低质球,然后抢攻。

(二)搓攻打法

搓攻是用搓球的旋转和落点变化控制对方,然后伺机突然起板进攻。

(三)左推右攻打法

打对攻时,要先发制人,打在前面。对方推挡力量弱时,先用推挡压其反手位,伺机侧身进攻,或等对方变线时变正手进攻。

三、乒乓球竞赛的主要规则简介

1. 球台

球台的上层表面称为比赛台面,是与水平面平行的长方形,长2.74m,宽1.525m,离地面76cm。

2. 球网

球网装置应包括球网、悬网绳子及支架。球网的高度为15.25cm,球网支架的外缘距边缘15.25cm。

3. 合法发球

发球时,球应放在不执拍手的掌上,手掌应静止伸平并高于台面;抛球时不得使球旋转,不得偏离水平面垂直线45°角以上;当球从最高点降落时才能触球,并使球越过或绕过球网落到对方台区;在双打中,球发出后应先落到本方的右半区,然后落到对方的右半区。在发球中,击球时球必须在发球员台区的端线或其假设延长线之后。

4. 双打发球和接发球的次序

双打发球、接发球及击球次序的规定:甲1发球,乙1接发球;乙1发球,甲2接发球;甲2发球,乙2接发球;乙2发球,甲1接发球;甲1发球,乙1接发球……这样循环往复,直到该局比赛结束。

5. 选择方位和发球权

每场比赛用抽签的方法选择方位和发球、接发球次序,胜方可选择先发球或先接发球,负方则选择方位;若胜方选择方位,则负方选择先发球或先接发球。在双打比赛中,得到先发球权的一方可以决定由谁首先发球;在一场比赛的一局里,接发球一方应决定由谁首先接发球;在该场比赛以后各局,首先发球一方可以决定任何一人先发球。

6. 轮换发球法

当一局比赛进行到15分钟尚未结束时,应立即中断比赛。该局未赛完部分以及该场比赛剩余各局,均应实行轮换发球法。比赛被中断时,球正处于比赛状态,应由被中断回合的发球员发球;球未处于比赛状态,由前一回合的接发球员发球,重新开始比赛。在同一场比赛的任何时间,双方要求采用轮换发球法时,均可随时执行。

第五节 羽毛球

现代羽毛球运动起源于1860年在英格兰格拉斯哥郡的伯明顿庄园内举行的一场"拍击穿梭球"活动。

羽毛球运动的最大特点是活动量可根据人的年龄长幼或体质强弱而定,对场地、器材的要求也不是很高。加之这种活动富有游戏趣味,因此深受青少年的喜爱,特别是在大学生中,羽毛球拥有众多的爱好者。

一、羽毛球的基本技术

羽毛球运动是一项技术性较强的运动。其基本技术有握拍法、发球与接发球、击球法、步法移动等。以下技术介绍,均以右手握拍为例。

(一) 握拍法

握拍法可分为正手握拍法和反手握拍法两种。

1. 正手握拍法

以手掌的虎口对准拍柄内侧小棱边,以手掌握住拍柄,小指、无名指和中指并握,食指稍分开,大拇指与中指相近,拍的柄端约与小鱼际肌齐(见图5-56)。

2.反手握拍法

在正手握拍法的基础上,将拍框稍向外转,大拇指向上伸起,用内侧面或指心抵住拍柄的宽面,食指略下移,使手心留有空隙(见图5-57)。

图5-56 正手握拍法　　图5-57 反手握拍法

(二)发球与接发球

1.发球

(1)发球站位:单打站在中线附近,离前发球线约1m,双打可稍站前些。

(2)发球姿势:①正手发球,身体侧对球网,两脚开立与肩同宽,身体重心放于右脚上;将球拍向右后侧举,肘部微屈,左手持球(拇指、食指、中指夹持球托和羽毛相接处),举在腹部侧前方。②反手发球,面对球网,身体重心放在右脚上;左手以拇指、食指和中指捏住羽毛置于腹前腰下;右手反手握拍,肘部略抬起,使拍框下垂于左腰侧。正手发球见图5-58(a),反手发球见图5-58(b)。

(a)　　　　　　(b)

图5-58 发球

(3)发球方法按球在空中飞行的轨迹,分为高远球、平高球、平快球、网前球(见图5-59)。

2.接发球

(1)接发球的站位和姿势:接发球时,一般左脚在前,右脚在后,侧身对网,重心在前脚,后脚跟稍离地,双膝微屈站在离前发球线1.5m处(单打,见图5-60)。

(2)接发球的方法:当对方发来网前球时,可用拍挑平高球、高远球或放网前球、搓球、平推球还击;如对方发平快球,可用拍以截吊、平高球还击,以快制快。

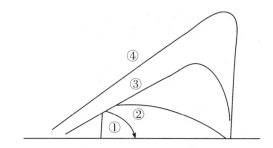

①—网前球；②—平快球；③—平高球；④—高远球。

图 5-59 发球的分类

图 5-60 接发球的站位和姿势

(三)击球法

击球法依据其动作的特点分为高手击球、网前击球和低手击球三种。

1. 高手击球

(1)高远球:将球击到对方底线附近垂直下落并呈较高抛物线飞行轨迹的球,称为高远球(见图 5-61)。拍击高远球有正手、反手和头顶球之分。

图 5-61 高远球

(2)吊球：把对方击来的高远球，从后场还击到对方网前附近，称为吊球。

(3)扣杀球：可分正手、反手和头顶扣杀球，正手扣杀是最基本的技术(见图5-62)。

图5-62　扣杀球

2. 网前击球

网前技术是一项运用战术多变、可以调动对方的击球方法。网前技术包括搓球、推球、钩球、扑球、被动放网前球和挑高球等打法。

(1)搓球：技术(以正手网前为例)要领是上网步伐要快，左脚起蹬，右脚向网前跨步成弓箭步，侧身对网，重心在右脚；手臂微屈并前伸，手腕略高于拍面，击球要快，出球点要高，握拍的腕部和手指自然放松。击球时注意用手指控制好拍面，用手指发力，使搓出的球翻转，尽可能贴网而过。

(2)扑球：动作要领是蹬步上网，身体右侧扑向网前，迅速举拍向前，拍面前倾；击球时用腕部和手指的力量向前下方"闪"击；球拍触球后立即回收，以免拍子触网违例。

(3)挑高球：是把对方击来的吊球或网前球挑高回击到对方后场去，是在比较被动的情况下采取的一种防守技术。球要求挑得高、挑得远。其动作要领是举拍在身前，前臂略微弯曲，正、反手挑高球都是右脚向网前跨出一大步，左脚在后，侧身向网，手臂向后摆，自然伸腕；击球时以肩为轴，自下而上地前臂带动腕部和手指快速朝前上方挥拍。如来球离网较远，拍面可后仰向前上方击球；如来球较贴网，拍面应接近网并朝上，击球时要带点向上的提位。

3. 低手击球

低手击球属于防守性的技术，技术难度较大。但如果防守技术运用得当，就能起到防中有攻的作用。

(1)抽球：击球点在肩部以下，以躯干为竖轴，做半圆式的挥拍击球动作。抽球是应付对方长杀、半场球和平球对攻的反攻性技术。

正手抽底线球：正手握拍，右脚向正手底角跨出，侧身向网，上身向左后倾，重心移向右脚，上臂与前臂约成120°角，球拍后引，拍面稍后仰；击球时主要靠前臂带动手腕做抽鞭式的向前闪动。向前上方用力与球接触，成高远球；向前用力与球接触，成平球。

反手抽底线球：正手握拍，右脚向反手底角跨出，背朝网，身体前倾，重心在右脚，球拍举在左肩稍上方；击球时，用上臂带动前臂沿水平方向，手腕用力向后方闪动挥拍。

(2)接杀球:有挡网前、抽后场、抽高球等几种回击技术。

挡网前球:接杀球时,起动要快,握拍要松,主要靠手腕和手指握拍;预摆动作要小,球拍摆在体侧;挡直线网前球时拍面稍后仰,正对网,身体重心移向接球的一侧;球拍触球时,一种是稍带向上提拉的动作触球,一种是稍向下削的动作触球。由于扣杀球的力量大、速度快,所以挡网前杀球主要借来球的速度和力量反弹回去。

抽后场球:当对方杀球质量较差时,可用平抽还击。准备姿势和接球前的动作与挡网前球的动作基本一样。

抽高球:对方采取杀上网战术时,可抽高球回击,以便伺机反攻。其准备姿势与挡网前球一样。

(四)步法

步法是合理移动的方法,是准确击球的基础。如果没有快速而准确的步法,就会顾此失彼,疲于奔命。步法可分为上网、后退、两侧移动和起跳腾空等几种。

二、羽毛球的基本战术

(一)单打战术

单打战术有发球战术、攻后场战术、吊前击后战术和打对角战术。

(二)双打战术

1. 攻人战术

这种战术是集中力量攻击对方两个队员中较弱者,尽量使对方的长处得不到发挥,弱点暴露得更充分,以争取主动。

2. 攻中路战术

这种战术可以造成守方两人抢接一球或同时让球,彼此难于协商;限制对手在接杀球时挑大角度高球调动攻方;有利于攻方的封网,由于打对方中路,对方回球的角度也小,网前队员封网的难度就小了。

3. 后杀前封战术

后杀前封的两名运动员基本保持前后站立,后场逢高球就下压,当对方回球到前半场或网前时,即予以致命的扑杀。这种打法要求站在后场的运动员具有连续扣杀的能力,站在前场的运动员具有较强的封网意识和技术。

三、羽毛球竞赛规则简介

1. 球场

球场地面需平坦,是一个长方形(单打场地宽为 5.18m,双打场地宽为 6.1m;长度均为13.4m),如图 5-63 所示。根据图中所示尺寸,用宽 4cm 的线画出。场地线的颜色最好为白色或黄色,所有场地线都是确定区域的组成部分。

2. 网柱

网柱高 1.55m,无论是单打还是双打,网柱均应放置在双打边线的中点上。

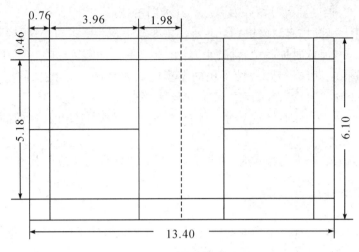

图 5-63　比赛场地（单位：m）

3. 球网

球网中央顶端离地面的垂直高度为 1.524m，两端网高 1.55m。

4. 选择发球权和场区

裁判员召集双方运动员用抽签方式选择发球权或场区，赢的一方任选一项。

5. 计分

（1）单打：每场比赛采取三局二胜制；率先得到 21 分的一方赢得比赛；如果双方比分打成 20∶20，则需超过对手 2 分才算获胜。如果双方打成 29∶29，则率先得到第 30 分的一方取胜。首局获胜一方在接下来的一局比赛中先发球。当一方在比赛中得到 11 分后，双方队员将休息 1 分钟；两局比赛之间的休息时间为 2 分钟。

（2）双打：改双打发球权为单打发球权；后发球线保留，现行规则适用；比赛开始前，双方通过掷硬币的方式确定由哪一方来选择是先发球或后发球。

羽毛球比赛以"局"计算胜负。每场比赛采用三局二胜制。每场比赛局数成 1∶1 时，休息 5 分钟，再赛一局。每赛完一局交换场地，同时由胜方继续发球比赛。

6. 发球、接发球得分

比赛开始时，由选择了发球权的一方先在右发球区向对方右发球区发球。接球者在相应的区域内接发球。如接发球者失误，则发球者得分；如发球者失误，则丧失发球权，由对方执行发球。

单打比赛，得分是偶数时，站在右发球区内发球；得分为奇数时，站在左发球区内发球。接发球方的站位依发球方的站位而转移。

双打比赛，双方都有两个发球员，站在右发球区内的队员称为第一发球员，站在左发球区的队员称为第二发球员。除了每局比赛首先发球的一方只有一次发球权外，其余均为二次发球权。每次接发球后，都从右边开始发球。得分后换位，不得分不换位。得分为偶数时，发球方第一发球员在右发球区，第二发球员站在左发球区；得分为奇数时，第一发球员站在左发球区，第二发球员站在右发球区。接球方按本方分数站位接球。如果发球顺序或方位、接球顺序出现错误，赢球不算，应判"重发球"。

7.违例

发球运动员违例,失去发球权;接球运动员违例,则判发球员得分。

(1)发球违例:越出发球区发球,或在发球区发球有两脚移动、跳起和踏线等情况,均属违例;发球时球的任何部位在击球的瞬间高过发球运动员的腰部或球拍顶端未向下,整个拍框低于握拍整个手不明显,属违例;发球时击球不过网,或球落在错误的发球区,或没有发过前发球线(短球),或落在后发球线以外(长球),或落在发球区以外,均属违例。

(2)接发球违例:在对方球发出之前,接球者双脚移动、踏线和跳起,均属违例,接球者和同伴(双打)做假动作或者任何妨碍对方发球的行为,均属违例。

(3)击球违例:击球过网前,同一运动员连续击球两次或击球时球在球拍上有停滞或拖带现象,属违例;击出的球落在场地界线之外,或击球时身体、衣服、球拍碰到球柱、球网,均属违例;球未过网未进入本方场区即进行拦击,或一方在近网处击球,另一方在网前做虚晃或举拍动作,均属违例。

第六节 网 球

古代网球起源于波斯湾及古希腊一带,10世纪传入法国。当时的网球,只是一种在传教士中流行的用手掌击球的游戏,其方法是在空地上两人隔一条绳子,用手掌将布包着的用头发制成的球打来打去。14世纪中期,网球由法国传入英国后,球由布面改成为皮面。15世纪发明了穿弦的球拍,16世纪制定了室内网球规则。网球与高尔夫球、保龄球、桌球并称为"世界四大绅士运动"。16世纪至17世纪是英、法宫廷从事网球活动的兴盛时期,平民无缘涉足,网球被称为"贵族运动"。

近代网球起源于英国,当时叫做司法泰克。1873年,英国人沃尔特·克洛普顿·温菲尔德把早期的网球打法进行改进。1874年,又进一步确定了场地大小和网的高低。1875年,英国板球俱乐部制定了网球比赛规则。1877年7月,全英板球俱乐部在温布尔顿举行比赛。1875年,草地网球取代了司法泰克。两年后,在英国伦敦郊外温布尔顿举办了首届草地网球锦标赛。紧随英国之后开展网球运动的国家是美国。1881年,世界上第一个全国性网球协会在美国成立。

一、网球的特点及作用

网球运动是一项在优雅的环境中进行的竞技、斗智、比勇、拼综合能力的健康运动,参与者和观赏者都能从网球运动中感受到无穷无尽的运动艺术。经常参加网球练习和比赛,除了可以提高大脑的判断能力、肌体的协调能力外,还可以培养自信心,促进人际关系。网球具有很强的娱乐性,在使身体得到锻炼的同时又能增强心理和社会适应能力,是一项终身体育项目。

二、网球的技术、战术简介

网球的基本技术有正手击球、单手反手击球、双手反手击球;击球的方法有击落地球、截击球、高压球和挑高球等。

1. 网球最常用的三种握拍方法

(1)东方式握拍法:正手击球时,"V"字形的虎口对正拍柄外侧棱边;反手击球时,对准内侧棱边。

(2)大陆式握拍法:"V"字形的虎口对正拍柄上方,没有正、反手之分。

(3)西方式握拍法:"V"字形的虎口对正拍柄外方。

2. 几种不同的击球方法

(1)上旋球:是球拍自后下方抽前上方,挥动摩擦整个球体而产生的强烈向上旋转。

(2)下旋球:打出与上旋球方向相反的旋转球称为下旋球,俗称"削球"。

(3)平击球:挥拍击球的路线向上较平缓,击球时拍面几乎与地面垂直。

(4)侧旋球:击球时球拍由后部向内侧平行挥动,也称"滑击"。

3. 网球的记分方法

(1)胜一局:①每胜一球得1分,得1分记分15,得两分记分30,得3分记分40,胜4分者胜一局。②双方各得3分时为平分。平分后,净胜2分为胜一局。

(2)胜一盘:①一方先胜六局为胜一盘。②双方各胜五局时,一方净胜两局为胜一盘。

(3)决胜局计分方法:在每盘的局数为6平时,有以下两种计分方法决定胜负。①长盘制,一方净胜两局为胜一盘。②平局决胜制,先得7分者为胜该局。若分数为6平时,一方须胜2分才算取胜。

(4)决胜局的发球顺序:①首先发球员发第1分球,对方发第2、3分球,然后轮流各发2分球,直到比赛结束。②第一发球从左区开始,之后的发球都按照顺序轮流从左区到右区进行。③每6分球和决胜局结束,运动员都可以交换场地。

(5)换拍方面大致说来应注意以下几个问题:①若要打旋转球,可选购厚度较薄的球拍,这样容易发挥。②底线型球员选购平衡头重的球拍,截击选头轻的。③若要增加力度和攻击力,则可选择小拍面、加长型或重量平衡头较重的球拍。④要增加灵活度,可选小拍面或平衡头轻的。⑤如果击球总是差那么一点才到Sweet区或习惯双手反拍,则可选加长型的球拍。若差过一寸半可选增加一寸半的球拍,长度为28.5寸。⑥若要接超强球、超快球,就选择重量不轻的球拍,这样才稳得住。⑦若要避震效果好以减少运动员的伤害,可以选大拍面或材质、握把经过消震处理的球拍。⑧若想要增加Sweet区,那么就要选择支头重型;若要增加控制力,那么球拍还需要轻一点的。⑨若挥拍动作较大,底线型球员可选择较软、球拍材质配方较有弹性或厚度较薄的球拍;若挥拍动作较小,则可以选择较硬或拍身较厚的球拍。

第六章 武术运动

第一节 武术运动概述

一、武术的起源

武术的起源可以追溯到远古先民的生产活动中。远古时期，人们为了生存不得不与野兽斗，在狩猎的过程中逐渐学会了徒手和使用木棒、石头等器具击打野兽的方法。通过本能和无意识的身体动作积累，人类逐渐形成了比较合理的攻击技能与防守技能。此外，武舞也是原始社会时期人们集宗教祭祀、教育、娱乐以及搏斗训练为一体的活动方式，人们通过武舞来模拟在狩猎、战争场景中搏斗的动作，幻想一种超自然的力量来战胜对手。武舞现象既是对搏杀技能操练的一种形式，也是宣扬武威的一种手段。

随着狩猎工具的不断创新和生产力的发展，人类迈入了私有制的门槛。为了部落或种族利益，抑或为了满足贪欲，频繁爆发战争。大量的生产工具转化为互相残杀的武器，在人与兽斗的过程中积累起来的技能也随之转变为人与人之间搏杀格斗的技术。这一时期，人类在踢、打、摔、拿、劈、砍、击、刺等技术上不断进步，积累了丰富的经验，同时也具有了创造锋利工具的能动性和使用工具方法的主动性。这种在战争中运用格斗技术的自觉性，标志着武术的初步形成。

二、武术的发展概况

在中国古代夏、商、周时期，田猎和武舞是武技训练的主要手段。据《礼记·月令》载："天子乃教于田猎，以习五戎。"五戎即弓矢、殳、矛、戈、戟5种兵器。田猎是指训练士兵对各种武器的使用及驭马驾车方法，是集身体、技术、战术为一体的综合训练。这一时期的武舞由原始时期的武舞发展而来，是将用于实战的格杀经验按一定程式来训练，是古代武术由感性认识向理性认识的升华、由支离破碎向系统化演进的象征。

春秋战国时期是我国封建社会转型的剧烈变化时期。频繁的战争推动了练兵习武的空前盛行，武术开始向多样化发展，手搏、角力在民间拥有广泛的市场，可用拳打脚踢、连摔带拿、运用奇巧战术来制胜对方。另外，武术逐渐与养生相结合，形成了注重整体、强调精气、平衡阴阳的保健思想，这对武术的发展产生了重要影响。

近代中国，有许多爱国志士寻求救国救民的新思想。因此，武术被作为一种尚武强国的重要教育手段推向学校。一批武术家结合传统武术的内容与西方军事体操的特点，创编了《中华新武术》，为近代武术转型做了有益的尝试。

20世纪90年代，随着我国体育体制改革的深化，武术呈现出新的发展趋势。在1992年全国武术工作会议上，提出了编写大、中、小学武术教材，倡导将民族体育和现代体育联系起来进行教学，这些措施对于武术在学校的开展起到了较大的促进作用。为建立规范的全民

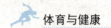

武术锻炼体系,1997年,原国家体委批准颁布实施了"中国武术段位制",该段位制将武术定为三级九段,为武术的发展作出了贡献。

1990年,在北京举行的第十一届亚运会上,武术被列为正式比赛项目。1991年,在北京举办了首届世界武术锦标赛。这些标志着武术由国际性的赛事向世界性的竞赛转变取得成功。通过多方筹措与不懈努力,中国武术以奥运会非正式比赛项目的方式进入了第二十九届奥运会,即"北京2008奥运会武术比赛",这表明作为中华民族传统体育项目的武术正逐渐被世界各国所接纳,竞技武术在世界的传播和影响已不容忽视,武术终于实现了竞技武术国际化的目标。

三、武术的特点

武术作为一项历史悠久的运动项目,汇聚了不同地域、不同民族的智慧,形成了拳种丰富、器械多样的运动形式。武术不同于其他任何体育项目,它具有浓厚的中国传统文化特点。踢、打、摔、拿、击、刺、砍、劈等多种攻防动作是组成武术套路的主要内容,也是武术搏斗项目中经常使用的技术动作。武术自身的发展规律,集中体现了武术技击性的本质。武术的习练讲究内外合一,形神兼备。在长期的历史演变中,武术又受到中国古代哲学、美学等方面的影响,形成了独具民族特色的运动形式。

四、武术的锻炼价值

长期坚持武术练习,能够加强人体肌肉韧带的伸展性,加大关节的运动幅度,提高人体的反应速度、力量、灵巧、耐力,增强人体的免疫力,对治疗多种慢性疾病和调节人体内环境平衡均有良好的医疗保健作用。同时,掌握搏斗运动的技法和规律,能促进攻防格斗的意识,既可以增强体质,也可以防身自卫。

武术在长期的发展过程中,继承和发扬了中华民族重礼仪、讲道德的优秀传统。"习武先习德""武训"说明武术历来十分注重武德教育。"尚武"与"崇德"是武术习练过程中的两个重点,可以培养习武者尊师重道、讲礼守信、宽以待人、严于律己、坚韧不拔的良好心理素质和高尚的道德情操。

武术运动也具有很高的观赏价值。武术套路动迅静定的节奏美,踢、打、摔结合的方法美,内外合一、形神兼备的和谐美,给人们带来了强烈的视觉震撼,极大地丰富了人们的文化生活。

五、武术的内容与分类

武术运动按照形式分类,可分为功法、套路和搏斗。

(一)功法

功法又称基本功,是以单个动作为主的练习,以提高武术套路和武术搏斗项目中身体某方面的能力。从锻炼的形式与功用来分,功法又可分为内功、外功、轻功和柔功。

1. 内功

内功通过站桩、静坐等练习方法,可使练习者达到精足、气壮、神明、内脏坚实、经络血脉通畅、内壮外强的功效。

2. 外功

外功通过击打、跌摔等练习方法,可使练习者达到强筋骨、壮体魄的功效。

3. 轻功

轻功通过各种弹跳动作的练习,可使练习者达到蹦得高、跳得远的功效。

4. 柔功

柔功通过压肩、压腿、下腰等练习方法,可使练习者达到提高肢体关节活动幅度和肌肉伸展能力的功效。

(二) 套路

套路是指以技击动作为内容,以攻守进退、动静疾徐、刚柔虚实等矛盾运动的变化规律为依据编成的整套练习。按照套路运动形式,又可分为单练、对练和集体演练。

1. 单练

单练是单人演练的套路,包括徒手的拳术和器械练习。

(1) 拳术:是指徒手练习的套路运动。主要拳术有长拳、太极拳、南拳、形意拳、通背拳、八极拳、八卦掌、劈挂拳、翻子拳、地躺拳、少林拳、象形拳等。

(2) 器械:是指手持武术兵器练习的套路运动。器械的种类很多,可分为短器械、长器械、双器械和软器械4种。短器械主要有刀、剑、鞭等;长器械主要有枪、棍、大刀等;双器械主要有双刀、双剑、双钩、双枪等;软器械主要有三节棍、九节鞭、绳镖、流星锤等。

2. 对练

对练是指两人或两人以上按照预定动作进行的假设性实战演练的套路形式,包括徒手对练、器械对练和徒手与器械的对练等。

3. 集体演练

集体演练是指集体进行的徒手、器械和徒手与器械的演练。要求6人以上同时演练,队形整齐,动作协调一致,可变换队形并有音乐伴奏。

(三) 搏斗

搏斗是指两个人在一定条件下按照一定的规则进行斗智、较技、较力的对抗实战形式。

1. 散打

散打是指以徒手的运动形式在擂台上进行的,使用踢、打、摔等方法制胜对方的竞技项目。

2. 推手

推手是指以徒手的运动形式,使用掤、捋、挤、按、採、挒、肘、靠等技法,双方粘连通过肌肉感觉借劲发力将对方推出,以此决定胜负的竞技项目。

3. 短兵

短兵是指两人手持一种特制的短器械,主要使用劈、砍、斩、刺等方法进行决胜负的竞技项目。

第二节 武术基本功

一、手型和步型

(一)手型

1. 拳

五指握紧,拇指压在食指、中指的第二指节上。拳面要平,腕要直[见图6-1(a)]。

2. 掌

四指伸直并拢、向后伸张,拇指屈靠于虎口处或外展[见图6-1(b)]。

3. 勾

五指捏拢屈腕[见图6-1(b)]。

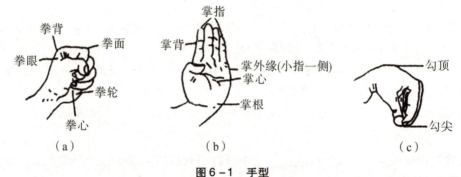

图6-1 手型

(二)步型

1. 弓步

两脚前后开立一大步,为本人脚长的4~5倍,前腿屈膝,膝与脚尖垂直,后腿挺直,脚尖外撇约45°,两脚全脚掌着地。上体正对前方,眼平视,两手抱拳于腰间[见图6-2(a)]。弓右腿为右弓步,弓左腿为左弓步。

2. 马步

两脚平行开立(约为本人脚长的3倍),脚尖正对前方,屈膝半蹲,大腿接近水平,膝不超过脚尖,全脚掌着地,身体重心落于两腿之间,两手抱拳于腰间[见图6-2(b)]。

图6-2 弓步和马步

3. 仆步

两脚左右开立，一腿全蹲，大、小腿靠紧，臀部接近脚跟，全脚掌着地，膝、脚尖外展（约45°）；另一腿伸直平仆，脚尖内扣，全脚掌着地。两手抱拳于腰间，眼向仆腿方向平视［见图6-3(a)］。仆左脚为左仆步，仆右脚为右仆步。

4. 虚步

两脚前后开立，后脚尖外展45°，屈膝半蹲，左脚跟离地，脚面绷直，脚尖稍内扣，虚点地面，重心落于后腿上，两手叉腰，眼平视［见图6-3(b)］。左脚在前为左虚步，右脚在前为右虚步。

5. 歇步

两腿交叉靠拢全蹲，前脚全脚掌着地，脚尖外展，后脚前脚掌着地，臀部坐于后小腿接近脚跟处，两手抱拳于腰间［见图6-3(c)］。左脚在前为左歇步，右脚在前为右歇步。

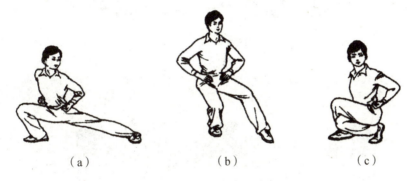

图6-3　仆步、虚步和歇步

二、肩臂功

（一）压肩

(1) 两人相对开立步站立，上体前倾，双方互扶肩部用力向下振动压肩［见图6-4(a)］。

(2) 并立步或开立步，面对肋木或一定高度的物体，两臂伸直，上体前倾，做下振压肩动作［见图6-4(b)］。

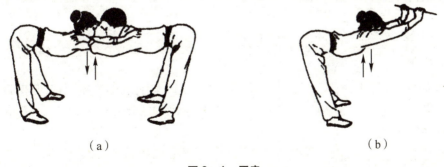

图6-4　压肩

（二）单臂绕环

弓步站立，一手按于膝上，另一臂伸直做向前、向后绕环动作（见图6-5）。

（三）双臂绕环

开立步站立，两臂同时或依次做向前、向后绕环动作（见图6-6）。

图6-5　单臂绕环

图6-6　双臂绕环

三、腿功

（一）压腿

1. 正压腿

一腿前伸放于架上，脚尖勾紧，支撑腿脚跟着地，上体前俯，两手抱紧前脚掌，以下颌尽力接近脚尖；或者可利用肋木，一脚在肋木上，脚尖勾紧，两手按在膝上，两腿伸直，体前屈下压，两臂屈肘（见图6-7）。

2. 侧压腿

身体侧对肋木等物体，将一腿伸直，脚放于架上，脚尖勾紧；支撑腿挺直，脚内侧正对肋木，上体向被压腿侧屈（见图6-8）。

图 6-7 正压腿

图 6-8 侧压腿

(二)腿法

1. 正踢腿

并步,两臂侧平举,屈腕立掌或两手叉腰。一脚上前半步,直立支撑;另一脚脚尖勾紧轻快有力地向前额处踢起,下落成并腿直立(见图6-9)。

图 6-9 正踢腿

2. 侧踢腿

并步,两臂侧平举,屈腕立掌。右脚向前上半步,脚尖外撇,身体微右转,左脚尖勾紧向左侧脑后踢起。同时,右臂上举,左臂屈肘立掌于右肩前或体前按掌,落下时脚跟靠拢支撑脚(见图6-10)。

图6-10　侧踢腿

3.外摆腿

并步,两手侧平举,屈腕立掌。一脚上半步,腿自然伸直,全脚掌着地;另一腿向异侧方踢起,经面前向同侧方做直腿摆动,落在支撑腿旁,眼平视前方(见图6-11)。

图6-11　外摆腿

4.里合腿

并步,两手侧平举,屈腕立掌。一腿上半步,自然伸直,全脚掌着地;另一腿向侧上方踢起,经面前向异侧方向(向内)扇面直腿摆动,落于支撑腿外侧(见图6-12)。

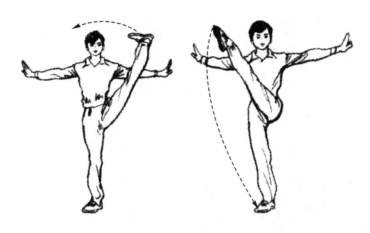

图 6-12 里合腿

5. 弹腿

并步,两手叉腰,右腿屈膝摆起,大腿与腰平,右脚绷直。提膝接近水平时,猛力向前平踢,力达脚尖,高与腰平,左腿伸直或微屈支撑,眼视前方(见图 6-13)。

图 6-13 弹腿

6. 蹬腿

动作与弹腿相同,唯脚尖勾起,力点达于脚跟。

7. 侧踹腿

两脚左右交叉,右脚在前,微屈膝,接着右腿蹬直或稍屈支撑,左腿屈膝提起,脚尖勾起内扣,脚跟用力向左侧上方踹出,稍高于腰,上体向右侧倾,眼视左侧方(见图 6-14)。

图6-14 侧踹腿

四、腰功

（一）俯腰

并步，两手五指交叉，两臂上举，手心翻上，上体前俯，两手尽量贴地。然后两手松开，抱住两脚跟腱使胸部贴近大腿。还可以向左、右两侧俯腰，两手在脚外侧贴触地面（见图6-15）。

图6-15 俯腰

（二）甩腰

开步，两臂上举，以腰髋为轴，上体做前后屈甩动，后屈时要抬头、挺胸、挺腹（见图6-16）。

（三）涮腰

两脚开立，略宽于肩，两臂自然下垂。以腰髋为轴，上体前倾，经右侧屈、后屈、左侧屈绕环一周，两臂随之绕动（见图6-17）。

图 6-16 甩腰

图 6-17 涮腰

五、平衡

（一）提膝平衡

支撑腿直立站稳，上体正直，另一腿在体前屈膝提近胸，小腿斜垂里扣，脚面绷平内收（见图 6-18）。

图 6-18 提膝平衡

(二)望月平衡

支撑腿直立站稳,上体侧倾拧腰向支撑腿同侧方上翻,挺胸塌腰。后举腿在身后向支撑腿的同侧方上举,小腿屈收,脚面绷平(见图6-19)。

图6-19 望月平衡

六、跳跃练习

(一)腾空飞脚

摆动腿高提,起跳腿上摆伸直,脚面绷平,脚高于肩,击手和拍脚连续快速、准确响亮(见图6-20)。

图6-20 腾空飞脚

(二)旋风脚

摆动腿直摆或屈膝,起跳脚伸直,向内腾空转体270°,异侧手击拍脚掌,脚高于肩,击拍响亮,转体360°落地(见图6-21)。

图 6-21 旋风脚

第三节 初级长拳三路

一、动作名称

每一组别及动作名称见表 6-1。

表 6-1 动作名称

组别	动作名称
起势	1.并步站立;2.虚步亮掌;3.并步对拳
第一段	1.弓步冲拳;2.弹腿冲拳;3.马步冲拳;4.弓步冲拳;5.弹腿冲拳;6.大跃步前穿;7.弓步击掌;8.马步架掌
第二段	1.虚步栽拳;2.提膝穿掌;3.仆步穿掌;4.虚步挑掌;5.马步击掌;6.叉步双摆掌;7.弓步击掌;8.转身踢腿马步盘肘
第三段	1.歇步抢砸拳;2.仆步亮掌;3.弓步劈掌;4.换跳步弓步冲拳;5.马步冲拳;6.弓步下冲拳;7.叉步亮掌侧踹腿;8.虚步挑拳
第四段	1.弓步顶肘;2.转身左拍脚;3.右拍脚;4.腾空飞脚;5.歇步下冲拳;6.仆步抡劈拳;7.提膝挑掌;8.提膝劈掌弓步冲拳
收势	1.虚步亮掌;2.并步对拳;3.并步站立

二、动作说明及图解

1.起势

1)并步站立:见图 6-22。两脚并步站立,两臂垂于身体两侧,眼向前平视。

要点:头要端正,颌微收,挺胸,塌腰,收腹。

2)虚步亮掌:见图 6-23。

(1)左脚向左后方撤步成右弓步,右掌向右向上向前划弧,左臂屈肘,左掌提至腰侧,掌心向上,目视右掌。

图6-22 并步站立　　　　图6-23 虚步亮掌

(2)右腿微屈,重心后移,左掌经胸前从右臂上向前穿出伸直,右臂屈肘,右掌收至腰侧,掌心向上,目视左掌。

(3)重心继续后移,左脚稍向右移成左虚步,左臂内旋向左、向后划弧成勾手,右手继续向后向右向前上划弧,屈肘抖腕,在头前上方屈腕亮掌,目视左方。

要点:三个动作必须连贯。虚步时,重心落于右腿上,左脚尖点地。

3)并步对拳:见图6-24。

(1)右腿蹬直,左腿提膝,上肢姿势不变。

(2)左脚向前落步,重心前移。左臂屈肘,左勾手变掌经左肋前伸,右臂外旋向前下落于左掌右侧,掌心向下。

(3)右脚向前上一步,两臂下垂后摆。

(4)左脚向右脚并步,两臂向外向上经胸前屈肘下按停于小腹前,目视左侧。

要点:并步后挺胸、塌腰;对拳、并步、转头要同时完成。

图6-24 并步对拳

2. 第一段

1)弓步冲拳:见图6-25。

(1)左脚向左上一步,脚尖向斜前方,右腿微屈,成半马步。

(2)左臂向上向左格打,右拳收至腰侧,拳心向上,目视左拳。

(3)右腿蹬直成左弓步,左拳收至腰侧,拳心向上,右拳向前冲出,高与肩平,目视右拳。

图 6-25　弓步冲拳

要点：弓步时，右腿充分蹬直，脚跟不要离地；冲拳时，尽量转腰顺肩。

2）弹腿冲拳：见图 6-26。重心前移至左腿，右腿屈膝提起，猛力向前弹出伸直，高与腰平。右拳收至腰侧，左拳向前冲出，目视前方。

要点：支撑腿可微屈，弹出的腿要用爆发力，力点达于脚尖。

3）马步冲拳：见图 6-27。右脚向前落步，脚尖内扣，上体左转。左拳收至腰侧，两腿下蹲成马步，右拳向前冲出，目视右拳。

要点：成马步时，大腿要平，两脚平行，脚跟外蹬，挺胸，塌腰。

图 6-26　弹腿冲拳　　　图 6-27　马步冲拳

4）弓步冲拳：见图 6-28。上体右转 90°，右脚尖外撇向斜前方，成半马步。右臂屈肘向右格打，目视右拳。左腿蹬直成右弓步，右拳收至腰侧；左拳向前冲出，目视左拳。

要点：与本节的弓步冲拳相同，唯左右相反。

5）弹腿冲拳：见图 6-29。重心前移至右腿，左腿屈膝提起，猛力向前弹出伸直，高与腰平。左拳收至腰侧，右拳向前冲出，目视前方。

要点：与本节的弹腿冲拳相同。

图 6-28　弓步冲拳　　　　　　　图 6-29　弹腿冲拳

6）大跃步前穿：见图 6-30。

（1）左腿屈膝，右拳变掌以手背向下挂至左膝外侧，上体前倾，目视右手。

（2）左脚向前落步，右掌继续向后挂，左拳变掌，向后向下伸直，目视左掌。

（3）右腿屈膝向前提起，左腿立即猛力蹬地向前跃出，两掌向前向上划弧摆起，目视左掌。右腿落地全蹲，左腿随即落地向前铲出成仆步，右掌变拳抱于腰侧，左掌由上向右向下划弧成立掌，停于右胸前，目视左脚。

要点：跃步要远，落地要轻。

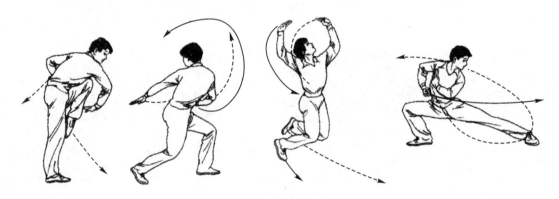

图 6-30　大跃步前穿

7）弓步击掌：见图 6-31。右腿猛力蹬直成左弓步。左掌经左脚面向后划弧至身后成勾手，右拳由腰侧变掌向前推出，目视右掌。

要点：推掌、勾手与弓步一致；左手向后上勾时不要挟上臂；不要弓腰、突臀、上体前倾。

8）马步架掌：见图 6-32。

（1）重心移至两腿中间，左脚脚尖里扣成马步，右臂向左侧平摆，同时左勾手变掌由后经左腰侧从右臂内向前上穿出，目视左手。

（2）右掌立于左胸前，左臂向左上屈肘，抖腕亮掌于头部左上方，目向右转视。

要点：马步同前。

图6-31　弓步击掌　　　　　　图6-32　马步架掌

3. 第二段

1）虚步栽拳：见图6-33。

（1）右脚蹬地，左腿伸直，以前脚掌为轴向右后转体180°，右掌由左胸前向下经右腿外侧向后划弧成勾手，左臂随体转动并外旋，目视右手。

（2）右脚向右落地，重心移至右腿上，下蹲成左虚步。左掌变拳下落于左膝上，拳心向后，右勾手变拳，屈肘向上架于头右上方，拳心向前，目视左方。

要点：右手勾挂要贴近右膝外侧，虚步右腿要蹲成水平。

2）提膝穿掌：见图6-34。右腿稍伸直，右拳变掌收至腰侧，左拳变掌由下向左向上划弧盖压于头上方，掌心向前。右腿蹬直，左腿屈膝提起，右掌从腰侧经左臂内侧向右前上方穿出，左掌收至右胸前成立掌，目视右掌。

要点：支撑腿与右臂充分伸直。

图6-33　虚步栽拳　　　　　　图6-34　提膝穿掌

3）仆步穿掌：见图6-35。右腿全蹲，左腿向左后方铲出成左仆步。右臂不动，左掌由右胸前向下经左腿内侧，向左脚面穿出，目随左掌转视。

要点：穿掌时，两臂要成一条直线，切忌右臂下垂。仆步左脚尖要向内扣紧。

图6-35 仆步穿掌

4）虚步挑掌：见图6-36。

（1）右腿蹬直，重心前移至左腿，成左弓步。右掌稍下降，左掌随重心前移向前挑起。

（2）右脚向左前方上步成右虚步，身体随上步左转180°，同时，左掌由前向上向后划弧成立掌，右掌由后向下向前挑起成立掌，目视右掌。

要点：上步要快，虚步要稳。

图6-36 虚步挑掌

5）马步击掌：见图6-37。

（1）右脚落地，脚尖外撇，重心稍升高并右移，左掌变拳收至腰侧，右掌俯掌向外捋手。

（2）左脚向前上一步，以右脚为轴向右后转体180°，两腿下蹲成马步。左掌从右臂上呈立掌向左侧击出，右掌变拳收至腰侧，目视左掌。

要点：右手做捋手时，先使臂稍内旋，手掌向下、向外转，接着臂外旋，掌心经下向上翻转，同时抓握成拳。收拳和击掌动作要同时进行。

图6-37 马步击掌

6）叉步双摆掌：见图6-38。

（1）重心稍右移，两掌向下向右摆掌，目视右掌。

（2）右脚向左腿后插步，两臂继续由右向上向左摆，停于身体左侧，均呈立掌，右掌停于左肘窝处，目随双掌转视。

要点：两臂要划立圆，幅度要大，摆掌与后插步配合要一致。

图6-38　叉步双摆掌

7）弓步击掌：见图6-39。

（1）两腿不动。左掌收至腰侧，掌心向上，右掌向上向右划弧，掌心向下。

（2）左腿后撤一步，成右弓步。右掌向下向后伸直摆动成反钩手，左掌呈立掌向前推出，目视左掌。

要点：击左掌、右勾手与后撤左步、蹬腿成弓步要完整一致。

图6-39　弓步击掌

8）转身踢腿马步盘肘：见图6-40。

（1）两脚以前脚掌为轴向左后转体180°，左臂向上向前划半立圆，右臂向下向后划半圆。

图6-40　转身踢腿马步盘肘

(2)上动不停,右臂由后向上向前划半圆,左臂由前向下向后划半立圆。

(3)上动不停,右臂向下成反钩手,左臂向上成亮掌,右腿伸直向额前踢。

(4)右脚向前落地,脚尖里扣。右手不动,左臂屈肘下落至胸前,目视左掌。

(5)上体左转90°,两腿下蹲成马步,同时左掌向前向左平变拳收至腰侧,右勾手变拳,由体后向右向前平摆至体前时屈肘,拳心向下,目视肘尖。

要点:两臂抡动时要划立圆,动作连贯。盘肘时要快速有力,右肩前倾。

4. 第三段

1)歇步抡砸拳:见图6-41。

(1)重心稍升高,右脚尖外撇。右臂由胸前向上向右抡直,左拳向下向左,使臂抡直,目视右拳。

(2)上动不停,两脚以前脚掌为轴向右后转体180°。右臂向下向后抡摆,左臂向上向前随身体转动。

(3)紧接上动,两腿全蹲成歇步。左臂随身体下蹲向下平砸,拳心向上,肘部微屈,右臂伸直向上举起,目视左拳。

要点:抡臂动作要连贯完成,划成立圆。歇步要两腿交叉全蹲,左腿大、小腿靠紧,臀部在左小腿外侧,膝关节在右小腿外侧,右脚尖外撇,全脚着地。

图6-41 歇步抡砸拳

2)仆步亮掌:见图6-42。

(1)起身,左脚由右腿后抽出上前一步成右弓步,左拳收至腰侧,右拳变掌向下经胸前向右横击掌。

(2)右脚蹬地屈膝提起,上体右转。左拳变掌从右掌上向前穿出,右掌平收至左肘下。

图6-42 仆步亮掌

(3)右脚向右落步成左仆步,左掌向下向后划弧成反勾手,右掌向右向上划弧微屈,抖腕成亮掌,头随右手转动,亮掌时,目视左方。

要点:仆步时,左腿充分伸直、脚尖里扣,右腿全蹲,两脚脚掌全部着地。上体挺胸、塌腰,稍左转。

3)弓步劈拳:见图 6-43。

(1)右腿蹬地立起,左腿收回并向左前方上步,右掌变拳收至腰侧,左勾手变掌由下向前上经胸前向左捋手。

(2)右腿经左腿前方向左绕上一步,左腿蹬直成右弓步。左手向左平捋后再向前挥摆。

(3)右拳向后平摆,然后再向前向上做抡劈拳,左掌外旋扶右前臂,目视右拳。

要点:左右脚上步稍呈弧形。

图 6-43　弓步劈拳

4)换跳步弓步冲拳:见图 6-44。

(1)重心后移,右脚稍向后移动,右拳变掌,臂内旋,以掌背向下划弧挂至右膝内侧,左掌背贴靠右肘外侧,目视右掌。

(2)右腿自然上摆,上体稍向左扭转,右掌挂至身体左侧,左掌伸向右腋下,目随右掌转视。

(3)右脚以全脚掌用力向下震踩,与此同时,左脚急速离地提起。右手由左向上向前捋盖而后变拳收至腰侧,左掌伸直向下向上向前屈肘下按,目视左掌。

(4)左脚向前落步成左弓步,右拳向前冲出,左掌藏于右腋下,目视右拳。

要点:换跳步动作要连贯、协调。震脚时,腿要弯曲,全脚掌着地,左脚离地不要高。

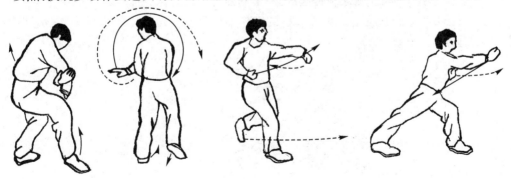

图 6-44　换跳步弓步冲拳

5) 马步冲拳:见图 6-45。

上体右转 90°,重心移至两腿中间成马步。右拳收至腰侧,左掌变拳向左冲出,目视左拳。

要点:马步与冲拳要同时进行。

图 6-45 马步冲拳

6) 弓步下冲拳:见图 6-46。

右腿蹬直,左腿弯曲,上体稍向左转,成左弓步。左拳向下经体前向上架于头左上方,右拳自腰侧向左前斜下方冲出,目视右拳。

要点:拧腰、转髋、蹬右腿、成左弓步要与架冲拳同时完成,以求动作完整。

图 6-46 弓步下冲拳

7) 叉步亮掌侧踹腿:见图 6-47。

(1) 左拳变掌由头上下落于右手腕上,右拳变掌,两手交叉成十字,目视双手。

(2) 右脚蹬地并向左腿后插步,左掌由体前向下向后划弧成反勾手,右掌由前向右向上划弧,抖腕亮掌,目视左侧。

(3) 重心移至右腿,左腿屈膝提起,向左上方猛力蹬出,目视左侧。

要点:插步时上体稍向右倾斜,腿、臂的动作要一致。侧踹高度不能低于腰,大腿内旋,着力点在脚跟。

图 6-47 叉步亮掌侧踹腿

8) 虚步挑拳：见图 6-48。

（1）左脚在左侧落地，右掌变拳稍后移，左勾手变拳由体后向左上挑。

（2）上体左转 180°，左拳继续向前向上划弧上挑，右拳向下向前划弧挂至右膝外侧，同时右膝提起，目视右拳。

（3）右脚向左前方上步成右虚步，左拳向后划弧收至腰侧，右拳向前屈臂挑出，拳眼斜向上，与肩同高，目视右拳。

要点：臂前摆与右腿提摆要协调一致，右拳上挑与右脚前点成虚步要协调一致，力点达于虎口。

图 6-48　虚步挑拳

5. 第四段

1) 弓步顶肘：见图 6-49。

（1）重心升高，右脚踏实，右臂内旋向下直臂划弧以拳背下挂至右膝内侧，左拳不变，目视前下方。

（2）左腿蹬直，右腿屈膝上抬。左拳变掌，右拳不变，两臂向前向上划弧摆起，目随右拳转视。

（3）左脚蹬地起跳，身体腾空，两臂继续划弧至头上方。

（4）右脚先落地，左脚向前落步，以前脚掌着地。同时两臂向右向下屈肘停于右胸前，右拳变掌，左掌变拳，右掌心贴靠左拳面。

（5）左脚向左前上一步成左弓步，右掌推左拳，以左肘尖向左顶出，目视前方。

要点：交换步时不要过高，但要快。两臂抡摆时要成圆弧。

图 6-49　弓步顶肘

2)转身左拍脚:见图6-50。

(1)以两脚前脚掌为轴向右后转体180°,右臂向上向右向下划弧抡摆,同时左拳变掌向下向后向前抡摆。

(2)左腿伸直向前上踢起,左掌变拳收至腰侧,右掌由体后向上向前拍击脚面。

要点:右掌拍脚时手掌稍横过来,拍脚要准而响亮。

图6-50 转身左拍脚

3)右拍脚:见图6-51。

(1)左脚向前落地,左拳变掌向下向后摆,右掌变拳收至腰侧。

(2)右腿伸直向前上踢起,左拳变掌由后向上向前拍击右脚面。

要点:与本节的转身左拍脚相同。

图6-51 右拍脚

4)腾空飞脚:见图6-52。

(1)右脚落地。

(2)左脚向前摆起,右脚猛力蹬地跳起,左腿屈膝继续前上摆,同时右拳变掌向前向上摆起。

(3)左掌先上摆而后下降拍击右掌背。

(4)右腿继续上摆,脚面绷平。右手拍击右脚面,左掌由体前向后上举。

要点:蹬地要向上冲,不要太向前冲,左膝尽量上提。击响要在腾空时完成,右臂伸直呈水平。

图 6-52　腾空飞脚

5）歇步下冲拳：见图 6-53。
(1) 左、右脚先后相继落地。左掌变拳收至腰侧。
(2) 身体右转 90°，两腿全蹲成歇步。右掌抓握、外旋变拳收至腰侧，左拳由腰侧向前下方冲出，目视左拳。
要点：歇步要稳，冲拳要脆。

图 6-53　歇步下冲拳

6）仆步抡劈拳：见图 6-54。
(1) 重心升高，右臂由腰侧向体后伸直，左臂随身体重心升高向上摆起。
(2) 以右脚前脚掌为轴，左腿屈膝提起，上体左转 270°。左拳由前向后下划立圆一周，右拳由后向下向前上划立圆一周。
(3) 左腿向后落一步，屈膝全蹲成右仆步。右拳由上向下抡劈，左拳后上举，目视右拳。
要点：抡臂时一定要划立圆。

图 6-54　仆步抡劈拳

7）提膝挑掌：见图 6-55。

（1）重心前移成右弓步，右拳变掌由下向上抢摆，左拳变掌稍下落，右掌心向左，左掌心向右。

（2）左、右臂在垂直面上由前向后各划立圆一周，右臂伸直停于头上，掌心向左，左臂伸直停于身后成反钩手，同时右腿屈膝提起，目视前方。

要点：抢臂时要划立圆。

图 6-55　提膝挑掌

8）提膝劈掌弓步冲拳：见图 6-56。

（1）右掌由上向下猛劈伸直，停于右小腿内侧，左勾手变掌，屈臂向前停于右上臂内侧，掌心向左，目视右掌。

（2）右脚向右后落地，身体右转 90°，同时左掌变拳收至腰侧，右臂内旋向右划弧做掳手。

（3）上动不停，左腿蹬直成右弓步，右手抓握变拳收至腰侧，左拳由腰侧向左前方冲出，目视左拳。

要点：提膝劈掌重心要稳，掳手冲拳劲力要足。

图 6-56　提膝劈掌弓步冲拳

6. 收势

1）虚步亮掌：见图 6-57。

（1）右脚扣于左膝后，两拳变掌，两臂右上左下屈肘交叉于胸前，目视右掌。

(2)右脚向右后落步,上体稍右转,同时右掌向上向右向下划弧停于左腋下,左掌向左向上划弧停于右臂上,目视左掌。

(3)右腿下蹲成左虚步,左臂伸直向左向后划弧成反钩手,右臂伸直向下向右向上划弧,抖腕亮掌,目视左方。

要点:扣腿时做舞花手;右脚后落时,两臂分摆,钩手亮举与虚步同时完成。

图 6-57　虚步亮掌

2)并步对拳:见图 6-58。

(1)左腿后撤一步,同时两掌从两腰侧向前穿出伸直,掌心向上。

(2)右腿后撤一步,同时两臂分别向体侧下摆。

(3)左脚后退半步向右脚并拢。两臂由后向上经体前屈臂下按,两掌变拳,停于腹前,拳心向下,拳面相对。目视左方。

要点:同起势动作3。

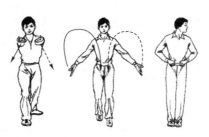

图 6-58　并步对拳

3)并步站立:见图 6-59。

两臂自然下垂,目视正前方。

图 6-59　并步站立

第四节 简化太极拳

简化太极拳是在1956年由国家体委运动司整理编定的套路。它取材于我国流传面和适应性最广泛的传统杨式太极拳，按照简练明确、删繁就简、突出重点的原则整编而成。此拳分为8组，共24个动作，故又称"二十四式太极拳"。全套动作结构合理、易学易懂，是初学者入门学习的基础套路。练习者可连贯演练，也可以选择单式或分组练习。整个套路的动作练习，每一举手、一投足都应遵循以下几点：①虚领顶劲；②沉肩、坠肘、塌腕；③松腰胯；④上下相随；⑤立身中正；⑥节节贯穿；⑦以意导动；⑧连绵不断；⑨保持一身备五弓的绷劲；⑩意气少，内外合一。

一、动作名称

组别及动作名称见表6-2。

表6-2 组别及动作名称

组别	动作名称
第一组	1.起势；2.左右野马分鬃；3.白鹤亮翅
第二组	4.左右搂膝拗步；5.手挥琵琶；6.左右倒卷肱
第三组	7.左揽雀尾；8.右揽雀尾
第四组	9.单鞭；10.云手；11.单鞭
第五组	12.高探马；13.右蹬脚
第六组	14.双峰贯耳；15.转身左蹬脚；16.左下势独立；17.右下势独立
第七组	18.左右穿梭；19.海底针；20.闪通臂
第八组	21.转身搬拦捶；22.如封似闭；23.十字手；24.收势

二、简化太极拳套路介绍

1. 起势

两肩下沉，两肘松垂，屈膝松腰，两臂下落和身体下蹲的动作要协调一致（见图6-60）。

图6-60 起势

2. 左右野马分鬃

两臂始终要保持弧形,身体转动时要以腰为轴,弓步动作与分手的速度要均匀一致;做弓步时,膝不要超过脚尖,后面的脚要向后蹬转,前后脚尖成 45°~60°夹角,两脚之间的横向距离应保持在 10~30cm(见图 6-61)。

攻防含义:用一手化解对方攻击之手臂,另一手攻击对方。

图 6-61　左右野马分鬃

3. 白鹤亮翅

两臂上下保持半圆形,左膝微屈。身体重心后移,右手上提,微向左转腰,左手下按成左虚步。动作要协调一致,并注意以腰带臂(见图 6-62)。

攻防含义:可用右手防止对方的上面攻击,左手化解对方下部的攻击。

图 6-62　白鹤亮翅

4. 左右搂膝拗步

上步时,脚跟先着地,重心要稳;向前推手时,身体不可前俯后仰,要松腰松胯;推掌时要沉肩垂肘,坐腕舒掌,同时须与松腰、弓腿上下协调一致(见图 6-63)。

攻防含义:一手化开对方的进攻,另一手攻击对方。

图6-63 左右搂膝拗步

5. 手挥琵琶

定势时要沉肩垂肘,胸部放松;左手上起时不要直向上挑,要由左向上向前,微带弧形;右脚跟进时,脚掌先着地,再全脚踏实;身体重心后移和左手上起、右手回收要协调一致(见图6-64)。

攻防含义:用右手防止对方的进攻,同时左手攻击对方。

图6-64 手挥琵琶

6. 左右倒卷肱

两臂始终保持弧形,前推时要转腰松胯,两手的速度要一致,避免僵硬。退步时,脚掌先着地,再慢慢全脚踏实;同时,前脚随转体动作以脚掌为轴扭正。退左脚略向左后斜,退右脚略向右后斜(见图6-65)。

攻防含义:化解对方的攻击。

图6-65 左右倒卷肱

7. 左揽雀尾

拥出时,两臂均保持弧形,分手、松腰、弓腿三者必须协调一致;下捋时,上体不可前倾,臀部不要突出,两臂下捋须随腰旋转,仍走弧线,左脚全脚掌着地;向前挤时,上体要正直,挤的动作要与松腰、弓腿相一致;向前按时,两手须走曲线,手腕部高与肩平,两肘微屈下沉(见图6-66)。

攻防含义:用左手向对方拥出,并用两手顺势捋拉对方,待对方失去重心或回撤时,挤按攻击对方。

图6-66 左揽雀尾

8. 右揽雀尾

动作同左揽雀尾(见图6-67)。

图6-67 右揽雀尾

9. 单鞭

上体保持正直,松腰;定势时,右肘稍下垂,左肘与左膝上下相对,两肩下沉。

攻防含义:用右手化解对方的进攻,左手攻对方胸、面部(见图6-68)。

图6-68 单鞭

10. 云手

身体转动要以腰脊为轴,带动两臂,身体重心要平稳,不可忽高忽低;两臂转动要自然灵活,速度要缓慢均匀;移动时,脚掌先着地再踏实,脚尖向前;目随云手而移动(见图6-69)。

攻防含义:用两手拨开对方的攻击。

图6-69 云手

11. 单鞭

动作与前"单鞭"相同(见图6-70)。

图6-70 单鞭

12. 高探马

上体自然正直,双肩下沉,右肘微下垂;跟步移换重心时,身体不要有起伏(见图6-71)。

攻防含义:左手撤防,用右手攻击对方。

图6-71 高探马

13. 右蹬脚

支撑腿膝微屈,以保持身体重心稳定,上体不可前俯后仰;两手分开时,腕部与肩齐平,右臂和右腿上下相对;蹬脚时,右脚尖回勾,力达脚跟。分手和蹬脚须协调一致(见图6-72)。

攻防含义:用两手向外分开对方的进攻,同时用右脚蹬击对方胸、腹部。

图6-72 右蹬脚

14. 双峰贯耳

定势时头颈正直,松腰松胯,两拳松握;沉肩垂肘,两臂保持弧形(见图6-73)。

攻防含义:双拳下落化开对方攻击,随之双拳合击对方耳部。

图6-73 双峰贯耳

15. 转身左蹬脚

左蹬脚与右蹬脚方向为180°,左手与左脚蹬出的方向要一致(见图6-74)。

攻防含义:同右蹬脚,唯左右相反。

图6-74 转身左蹬脚

16. 左下势独立

上体要正直,支撑腿膝微屈,提膝腿的脚尖自然下垂(见图6-75)。

攻防含义:用右手牵带对方的进攻,并用右膝、右手进攻对方。

图6-75 左下势独立

17. 右下势独立

动作与"左下势独立"相同,唯左右相反(见图6-76)。

图6-76 右下势独立

18. 左右穿梭

两个定势分别面向右侧前方和左侧前方;手推出后,上体不可前俯;手向上举不要耸肩;两手动作与弓步要协调一致(见图6-77)。

攻防含义:一手向上架开对方的进攻,另一手推击对方。

图6-77 左右穿梭

19. 海底针

在右手向前下插掌时,手腕稍向上提,上体稍前倾,收腹敛臀(见图6-78)。

攻防含义:化解对方的进攻,顺势进攻对方。

图6-78 海底针

20. 闪通臂

定势时,上体不可过于侧倾,两臂均保持微屈(见图6-79)。

攻防含义：右手上架，左手攻对方胸部。

图6-79　闪通臂

21. 转身搬拦捶

"搬"应先按后搬，并与右腿伸落相配合；"拦"应以腰带臂平行绕动向前平拦；"捶"应与弓步配合，上下肢协调一致（见图6-80）。

攻防含义：在两手搬、拦开对方的进攻后，右拳攻对方胸部。

图6-80　转身搬拦捶

22. 如封似闭

动作要点：在身体后坐时，上体不要后仰，臀部不可凸出；在两手推出时，上体不得前倾（见图6-81）。

攻防含义：用两手化解开对方的进攻后，推击对方。

图6-81　如封似闭

23. 十字手

在两手分开合抱时，上体不要前俯；站起后，身体自然正直，头微向上顶，下颌稍向后收；两臂环抱时须圆满舒适，沉肩垂肘（见图6-82）。

攻防含义:可用两手推架对方的进攻。

图6-82 十字手

24. 收势

在两手左右分开下落时,要注意全身放松,同时气也徐徐下沉。呼吸平稳后,慢慢把左脚收到右脚旁(见图6-83)。

图6-83 收势

第五节 散 打

一、散打的概念

散打又称"散手",它在中国历代有诸多称谓,如相搏、手搏、白打、对拆和技击等。由于这种对抗多采用摆台形式,所以在民间还被称为"打擂台"。散打在中国已有几千年的历史,一直为广大人民群众所喜爱。然而,现在开展的散打比赛与中国传统的散打有着质的区别。

现在的散打是指两人按照一定的规则,运用武术中的踢、打、摔和防守等技法,进行徒手对抗的现代竞技体育项目,它是中国武术的重要组成部分。现在的散打已不仅仅是对中国武术中传统的徒手格斗术进行单纯的继承和表现,而是在继承的基础上有了进一步的发展和提高。其中最为突出的,就是把传统徒手格斗中注重"招法"的观念发展成为把体能、智能与技能结合起来的理念,进而突出了它的综合应用能力。

二、散打基本技术

(一)实战姿势

两脚按开立步站立,两手握拳,左前右后,拳眼均朝上,左手臂弯曲,肘关节夹角在90°~

110°,左拳与鼻同高;右手臂弯曲,肘关节夹角小于90°,大小臂紧贴右侧肋部侧立,微收下颌,闭嘴合齿,面部、左肩、左拳正对对手。

要点:①实战姿势是实战时的预备姿势,因此,要求进攻灵活,防守严密,移动方便,姿势不可太低,重心控制在两脚之间。②两手紧护躯体,暴露给对手打击的有效部位尽量缩小。

(二)拳法

1. 左冲拳

预备势为正架势,即左脚、左手在前(以下均同),右脚微蹬地面,重心微向前移动;同时左拳直线向前冲出,力达拳面(见图6-84)。

要点:①冲拳时,上体不可前倾,腰略向右转。②拳面领先,大臂催动前臂,臂微内旋,肘微屈。③快击快攻,切勿停顿,迅速还原成预备势。

图6-84 左冲拳

攻防含义:左冲拳是一种直线进攻型动作,其特点是距离对手较近,易发动,灵活性强,但相对力度较小,可以变换身体姿势,或左、右闪躲击打对方腰部以上任何部位;既可主动进攻,又能防守反击,而更多的是以假乱真,以虚招引诱对手,为接续其他方法"探路";是进攻技术中最常见、最主要的动作之一。

2. 右冲拳

由预备姿势开始,右脚微蹬地向右转腰送肩的同时,右拳直线向前冲击,力达拳面,左拳变掌回收至右肩内侧(见图6-85)。

要点:①右冲拳的发力顺序是起于右脚,传送到腰、肩、肘,最后达于拳面。②上体向左转动,以加大冲拳力量。③还原时以腰带动肘,主动回收。

攻防含义:右冲拳是主要进攻动作之一。其特点是攻击距离长,能充分利用蹬腿转腰的力量加大冲拳的力度,具有较强的威慑力。

图6-85 右冲拳

3. 左掼拳

上体微向右转,同时左拳向外转约45°,向前向里横掼,臂微屈,拳心朝下,力达拳面或偏于拳眼侧,右拳护于右腮(见图6-86)。

要点:①力从腰发,腰绕纵轴向右转动。②掼拳发力时,臂微屈,肘尖抬至与肩平。

攻防含义:左掼拳是一种横向型进攻动作,可以结合身体姿势的高、低变化击打对方侧面。上盘可击对手太阳穴,中盘可击对手腰肋部位。

4. 右掼拳

预备姿势开始,右脚微蹬地并向内扣转,合胯并向左转腰,同时右拳向外转约45°,向前、向里横掼,力达拳面或偏于拳眼侧,左拳变掌屈臂回收到腹前(见图6-86)。

要点:①右脚内扣,合胯转腰与掼拳发力要协调一致。②掼拳发力时,肘尖微抬,使肩、肘、腕基本成水平。

攻防含义:右掼拳也是一种横线型进攻动作,其特点是能充分借助右脚蹬地转腰的力量,力度较大。但因其进攻路线长,动作幅度宜小不宜大。此拳法多用于连击或防守反击。

图6-86 左、右掼拳

(三)腿法

1. 左蹬腿

实战姿势站立,右腿直立或稍屈,左腿提膝抬起、勾脚,以脚跟领先向前蹬出,力达脚跟,亦可送髋,脚掌下压,力达脚前掌(见图6-87)。

图6-87 左蹬腿

2. 右蹬腿

身体重心前移,左腿直立或稍屈,身体稍左转,右腿屈膝前抬、勾脚,以脚跟向前蹬出,力达脚跟;亦可送髋,脚掌下压,力达脚前掌(见图6-88)。

攻防含义:散打中的蹬腿,除与套路中的要求相同外,还吸取了前点腿的优点,当击中对方时,脚踝发力,前脚掌下压,这样蹬击后脚易将对方蹬开或使其倒地。

图6-88 右蹬腿

3. 左踹腿

右腿直立或稍屈支撑,左腿屈膝抬起,小腿外摆,脚尖勾起,脚掌正对攻击目标,展髋,挺膝向前踹出,力达脚掌,上体可侧倾(见图6-89)。

图6-89 左踹腿

4. 右踹腿

左腿直立或稍屈支撑,身体向左转180°,同时右腿屈膝前抬,小腿外摆,脚尖翘起,脚掌正对攻击目标,用力向前踹出,力达脚掌,上体可侧倾(见图6-90)。

要点:上体、大腿、小腿、脚掌成一条直线,踹出时一定要以大腿推动小腿直线向前发力。

攻防含义:踹腿是比赛中使用率较高的腿法之一,容易调整步法,因此,踹腿的使用变化较多。它做直线运动,速度快、力量大、不易防守,而且配合步法使用,变化多,易于在不同距离上使用。

图6-90 右踹腿

5. 左里合腿

上体稍右转并侧倾,同时带动左腿收髋、扣膝,直腿向右上方横摆打腿,踝关节屈紧,力达脚背至小腿下端[见图6-91(a)]。

6. 右里合腿

左膝外展,上体右转,收腹,带动右腿收髋、扣膝,直腿向左上方横摆打腿,踝关节屈紧,力达脚背至小腿下端[见图6-91(b)]。

要点:以转体带动摆腿,动作连贯、快速。

攻防含义:里合腿是在实战中使用较多的一种腿法。它以身带腿,速度快、力量大,使用得好能起到重创对手的作用。但因其弧形横摆,路线长、幅度大,较易被对手察觉和防守。实战中应注意动作快速,令对手无法预测。

图6-91 左里合腿与右里合腿

(四)摔法

1. 抱腿前顶

甲出拳击乙头部时,乙上左步,下潜躲闪,两手抱甲双腿,屈肘,两手用力回拉;同时用左肩前顶甲大腿或腹部,将甲摔倒(见图6-92)。

要点:下潜快,抱腿紧,两臂后撤,肩顶有力。

攻防含义:可用于主动进攻或防守反击。

图6-92 抱腿前顶

2. 夹颈磕腿

甲用左冲拳击乙头部,乙右前臂外格甲左臂,左手由甲右肩上穿过,屈肘夹甲颈部,同时左腿背步与右腿平行,随即左转体用左小腿向后横打甲左小腿,将甲打倒(见图6-93)。

要点：格挡迅速，夹颈有力，打腿、转身协调一致。
攻防含义：在对手用冲（掼）拳击打时，防守反击。

图6-93　夹颈磕腿

3. 抱腿别腿

甲站立或左侧弹腿时，乙将甲左腿抱住，并向甲的支撑腿后方上左步，上体左转，下腰成右弓步，用左腿别甲右腿，同时用胸下压甲左腿（见图6-94）。

要点：抱腿准、有力，弓步转体协调，长腰压腿顺势。
攻防含义：可用于主动进攻或防守反击。

图6-94　抱腿别腿

4. 抱腿上托

甲用蹬腿蹬乙胸部，乙两手立即抓握住甲左腿，屈臂上抬，两手上托其左脚后，向前上方推送使甲倒地（见图6-95）。

要点：抓脚准，托推动作连贯一致。
攻防含义：适用于防守反击对方的蹬腿动作。

图6-95　抱腿上托

(五)防守法

1. 接触防守

(1)拍挡:正架预备势开始。左手(右手)以拳心或掌心为力点向里横向拍挡(见图6-96)。

要点:前臂尽量垂直,拍挡幅度小,用力短促。

攻防含义:防守对方直线型拳法或横向型腿法对上盘的攻击。

图6-96 拍挡

(2)挂挡:右手(左手)屈臂向同侧头部或肩部挂挡(见图6-97)。

要点:大、小臂叠紧并贴于头侧,要含胸侧身,暴露面小。

攻防含义:防守对方横向型的手法或腿法攻击上盘,如左右掼拳或左右横踢腿等。

图6-97 挂挡

(3)拍压:左拳(右拳)变掌,以掌心或掌根为力点由上向前下拍压。

要点:拍压时,臂要弯曲,手腕和掌要紧张用力,臂内旋,虎口、指尖均朝右(左)。

攻防含义:防守对方正面的手法或腿法攻击中盘,如下冲拳、勾拳、撩拳及蹬踹腿等。

(4)外抄:左(右)手臂外旋弯曲,上臂紧贴肋部,前臂水平,手心朝上;同时右(左)手屈臂紧贴腹部,立掌,手心朝外,手指向上(见图6-98)。

要点:上臂紧护躯干,两手成钳子状。抱腿时,两手相合锁扣。

攻防含义:抄抱对方横踢腿对中盘的进攻,如左右横踢腿等。

(5)里抄:左(右)手臂微屈并外旋,紧贴腹前,手心朝上,同时右(左)手屈臂紧贴胸前,立掌,虎口朝上,掌心朝外。

要点:两臂紧贴体前,保护裆部、胸部和腹部,抱腿,右(左)手掌心朝下与左(右)手相锁合。

攻防含义：抄抱对方直线腿法和横线腿法，如正面的蹬、踹腿和左横踢腿等。

图6-98　外抄

2.闪躲防守

(1)撤闪：前脚由前向后收步，接近后脚时脚前掌着地，重心落于后腿(见图6-99)。

要点：前脚回收迅速，虚点地面，上体正直，支撑要稳。

攻防含义：防守对方以腿法攻击下盘部位，如低蹬腿、低踹、弹腿、低横踢或勾踢腿等(见图6-100)。

图6-99　撤闪

图6-100　腿法攻击下盘

(2)后闪：重心后移，上体略后倾闪躲[见图6-101(a)]。

要点：后闪时下颌收紧，闭嘴合齿，后闪幅度不宜过大，重心落于后腿。对方拳法攻击上盘部位，为腿法反击做准备，因此常常配合前蹬腿防守反击。

前蹬腿时应两膝微屈，俯身，上体向左侧或右侧闪躲[见图6-101(b)]。

要点：上体要含胸，侧身不转头，目视对方。

攻防含义：向两侧闪躲对方用手法正面攻击上盘部位，如左右冲拳等。

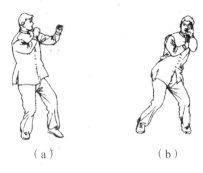

图 6-101　后闪

（3）下躲闪：屈膝、沉胯，重心下降，缩颈，弧形向下躲闪，两手紧护胸部。

要点：下躲闪时，膝关节、髋关节和颈部要同时弯曲、收缩，目视对手。

攻防含义：防守对方手或脚横向攻击头部，如左右掼拳、高横踢腿等。

（4）提闪：后膝微屈，独腿支撑，前腿屈膝提起（见图 6-102）。

要点：重心后移，提腿迅速，根据对方腿法进攻的路线及方位，膝关节分别有里合、外摆或垂直的变化。

攻防含义：防守对方正面或横向腿法攻击下盘部位，如低踹腿、弹腿、低横打和勾踢腿等，若对方的腿法攻击的是大腿或腰腹部，则可用小腿阻挡或接触防守。

图 6-102　提闪

下 篇

健身运动与职业体能篇

第七章　形体运动

第一节　形体训练基本练习

一、形体训练概述

(一)形体训练的概念和意义

形体是指人在先天遗传变异和后天获得的基础上所表现出的身体形态上的相对稳定的特征。先天遗传对形体起着决定性的作用,后天训练则起到改善形身的作用。女子的形体要求线条清晰、体态匀称、刚柔结合,具有曲线美、匀称美、协调美和弹性美。

1. 形体训练的定义

形体训练是以运动人体科学理论为基础,通过徒手或利用各种器械,运用专门动作的方式和方法,以改变人的形体的原始状态、提高灵活性,增强可塑性为目的的形体素质基本练习。同时也是以提高人的形体表现力为目的的形体技巧训练。

大学体育形体课是近年来教学改革的结果,是体育课实行必修选项课的产物,但它仍属于大学体育课的范畴。根据形体训练的定义,形体课是在有限的课时内,在遵循运动人体科学理论的同时,利用艺术体操、舞蹈和健美操的内容为练习内容,在音乐的伴奏下按一定的节奏进行练习的过程,改变人的形体的原始状态,提高灵活性和形体表现力是教学的最终目标。

2. 形体训练的意义与目的

我国在形体训练方面有着悠久的历史,并且积累了许多丰富的经验。在长沙马王堆三号墓出土的一卷绘有人体各种运动姿态的帛画中,就反映了当时人们为形体健美而锻炼的内容。东汉医学家华佗所创的"五禽戏"以模仿动物形象和动作来达到强身健美的作用。

今天,随着人们健康意识和生活质量的提高,越来越多的人开始寻求和寻找适合自身的科学健身方式。人们希望通过形体训练,在增强体质的同时,改变自己的体形、培养优美的姿态而达到体态美的目的。

通过训练,使学生了解形体美的相关知识,明确形体美的标准,掌握基本身体姿态的训练,培养学生良好的基本姿态。

(二)形体训练的价值

1. 增强体质

形体训练是一项全身的体育运动,它强调身体全面发展,使头部、躯干、四肢、身体各部分都得到锻炼。在形体练习中,虽然单个动作的运动负荷不算大,但是连续做几分钟、十几分钟甚至几十分钟,其运动量较大,对人体各器官和系统都有锻炼的作用。根据不同的对象

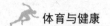

目标选择和编排练习内容,能有效地促进正确的生长发育,促进健康,增强体质。

2. 塑造美体

塑造美体是指通过各种柔韧、力量等专门练习,按标准来改善三围;练习中强调伸展,加强伸肌的力量来展示女性的曲线;按照不同的音乐节奏进行练习,发展人的动作能力,最终完成美体塑造的目的。

(三)基本术语

术语是指说明该项动作,技术的专项用语。正确地运用术语,能够使教学,训练工作顺利进行,有助于正确表达、理解和快速掌握动作技术,有利于积累和交流经验。

由于形体练习兼有芭蕾、舞蹈和体操的特性,因此,这些项目中的一些徒手动作的术语都适用于形体练习。通过提炼和归纳,我们把以下动作术语作为形体练习的基本术语。

1. 举

举指手臂或腿以肩关节或髋关节为轴,由低向高抬起,停止在一定位置的动作(其活动范围不超过180°),如左腿前举、两臂侧平举等。

2. 摆动

摆动指以身体某一关节为轴,以相连的自由肢体为半径所做的钟摆式弧形动作。

3. 屈

屈指通过关节的弯曲运动使身体某部位形成一定角度的动作,如屈膝、体前屈等。

4. 伸

伸指弯曲关节伸直的动作,例如伸臂和伸髋。

5. 绕

身体某一部位移动范围在180°以上、360°以下的弧形动作,如两臂经前向上绕至后上举。

6. 绕环

身体某一部位移动范围在360°或360°以上的圆形动作。

7. 弹动(性)

身体某一部位的关节有节奏地连续完成屈和伸的动作,如腿部弹动和腰部弹动。

8. 波浪

身体某部位各关节按顺序做依次、柔和、连贯的屈伸动作。波浪动作可分为手臂波浪和身体波浪。

9. 平衡

平衡指用单脚、单膝或臀部支撑在地上,身体保持某一静止的姿势,平衡动作有很多,如俯平衡、跪平衡,侧平衡等。

10. 转体

转体指围绕身体纵轴转动的动作。转体动作的名称是由转体时的身体姿势决定的,如单腿站立转体、蹲转、坐转、平转等。

11. 跳跃

跳跃指用单脚或双脚蹬离地面使身体腾空的动作。动作名称是由身体腾空时腿和躯干的姿势决定的,如向前大跨跳、挺身跳、向前屈膝交换腿跳等。根据跳的高度和空中动作幅度的不同,还可分为小跳、中跳和大跳。

12. 步法

步法指有特有节奏的脚步移动的方法,包括各种走、跑及舞步等。

(四)实训条件

形体训练房、把杆、音响等。

二、形体训练基本动作

(一)基本站立姿

头正,稍抬,目视前方,两肩放松下沉,两臂自然伸直于体侧,挺胸、立腰、收腹、提胯、夹臀,两腿肌肉夹紧内收。

(二)手位和脚位

1. 手位

(1)一位:两臂体前自然下垂,指尖相对,掌心稍向内,两手间距约为一拳。
(2)二位:两臂保持一位姿态至前举,稍低于肩,掌心相对。
(3)三位:两臂保持一位姿态至上举(略偏前),掌心向下。
(4)四位:一臂前举,一臂上举。
(5)五位:一臂侧举,一臂上举。
(6)六位:一臂侧举,一臂前举。
(7)七位:两臂侧举,稍低于肩,掌心向前下方。

要点:肩部放松,肘腕自然微屈,手臂呈弧形(见图7-1)。

图 7-1 手位图

2. 脚位

(1)一位:两脚跟靠拢,脚尖向两侧,两脚成一直线。
(2)二位:两脚跟间距约一脚,脚尖向两侧,两脚成一直线。

(3) 三位:两脚跟在脚弓处相叠,脚尖向两侧,两脚平行横立。
(4) 四位:两脚前后平行站立,间距约一脚,脚尖向两侧。
(5) 五位:两脚前后平行相靠,脚尖向两侧。

要点:髋、膝关节充分向外打开,身体重心在两脚上(见图7-2)。

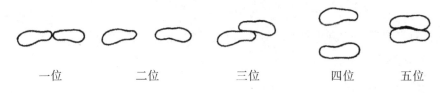

图7-2 脚位图

(三)基本步法

1. 柔软步

从自然站立开始,左腿伸直向前下方伸出,脚面绷直向外,由脚尖过渡到全脚掌落地,重心前移,换右脚做,两腿交替进行,两臂前后自然摆动。

要点:由脚尖过渡到全脚掌落地,重心前移,抬头挺胸,收腹立腰。

2. 足尖步

从并立提踵开始,左腿伸直向前下方伸出,脚面绷直向外,由脚尖过渡到前脚掌落地,重心前移,再换右脚做,两腿交替进行,两手叉腰。

要点:步幅均匀,重心平稳,充分立踵。

3. 变换步

以普通变换步为例:从自然站立两臂侧举开始,右脚向前一步柔软步,重心移至右腿,两臂落至体前下举,左脚并右脚。右脚向前做柔软步,右脚站立,左腿伸直后点地。两臂由下摆至左臂前举,右臂侧举。

要点:步幅均匀不宜太大,站立时两腿外开,上体正直,重心移动连贯(变换步还可以向后、向侧、举腿、屈膝做)。

4. 弹簧步

以普通弹簧步为例:从并立起踵、两手叉腰开始。左脚向前一步,同时稍屈膝半蹲,重心移至左腿。左腿伸直提踵,同时右腿向前下伸,膝与脚面绷直,然后换右腿做。

要点:出脚时由脚尖过渡到全脚掌柔和落地,有控制地依次弯曲踝、膝关节,接着依次充分伸直膝、踝,重心向上成提踵立。上体正直,收腹立腰,步幅不宜过大。

5. 华尔兹步

以向前华尔兹为例:从并立提踵,两臂侧举开始。左腿向前做一次柔软步,落地稍屈膝,重心随之前移,右腿左腿再先后做一次足尖步,左臂随之做一次波浪。

要点:步幅均等,不宜过大。身体稍有起伏,上体随之稍向左右屈(华尔兹步还有向侧、向后、转体等动作形式)。

6. 跑跳步

以向前跑跳步为例:节拍前,左脚蹬地跳起,同时右腿屈膝抬起低于90°。第一拍上半拍,右脚向前落地,下半拍,右脚随即蹬地跳起,同时左腿屈膝抬起低于90°。换另一脚做,两臂自然摆动。

要点:屈膝,小腿和脚背外展。动作过程中身体重心始终向上,不后坐。跑跳步还可以向后、侧、斜方向做。

第二节　健美运动

一、健美运动简介

健美运动是根据医学原理和人体各部位的解剖特点,运用各种具有显著效果的锻炼方法,进行系统的、循序渐进的练习,发展人体外形健美的一项体育活动。这种运动能使身体瘦弱者通过锻炼逐步变得身体强健,肌肉发达。健美运动练习的主要手段包括徒手、自抗力、哑铃、杠铃、拉力器以及一些特制的设备,做各种发展肌肉的练习。

二、人体主要肌肉群的练习方法

(一)臂部训练

臂部肌肉训练方法。

(1)臂弯举:坐于长凳上,掌心向内,双手各握一哑铃,抬起一侧手臂,掌心转向上,抬高肘部,继续弯举哑铃。

主要锻炼肌肉:肱桡肌、肱二头肌、三角肌前部。

(2)杠铃臂弯举:挺直背部站立,双手分开稍比肩宽,反手握杠,弯举杠铃,收缩臀部、腹部及背部肌肉。

主要锻炼肌肉:肱二头肌、肱肌。

(3)俯立臂屈伸:双膝微屈站立,腰部前屈,手持哑铃,上臂紧贴体测,屈肘90°,伸直手臂,然后曲臂90°。

主要锻炼肌肉:肱三头肌。

(4)仰姿反屈伸:双手支撑于长凳边缘,手脚放在另一长凳上,上身与腿成90°,屈臂后伸直双臂回到起始位置。

主要锻炼肌肉:肱三头肌、胸大肌和三角肌前部。

(二)肩部训练

肩部肌肉训练方法。

(1)颈后推举:背部挺直坐于长凳上,正手握杠铃并将其置于颈后肩上,将杠铃向上垂直推举至头的正上方,注意不要弓背。

主要锻炼肌肉:三角肌、斜方肌上部。

(2)哑铃侧平举:两脚稍微分开站立,背部挺直,双臂垂于身体两侧,双手抓握哑铃,向侧上方平举哑铃至双肩水平,肘部微屈,再回到起始位置。

主要锻炼肌肉:三角肌。

(3)站姿宽握杠铃上提:两脚稍微分开站立,保持背部挺直,双手距离稍宽于肩,正手抓握杠铃,置于大腿前方,贴身提拉杠铃至下颌处,再回到起始位置。

主要锻炼肌肉：三角肌、斜方肌和肱二头肌。

（三）胸部训练

胸部肌肉训练方法。

（1）双臂屈伸：双手握双杠，双臂伸直支撑身体悬空，然后屈肘，使身体下降至两杠间最低位置，双臂撑起，还原到起始位置。

主要锻炼肌肉：胸大肌、肱三头肌。

（2）平卧哑铃推举：平卧在长凳上，双脚着地保持稳定，双手持哑铃，拳眼相对，双臂向上伸展，然后屈肘并且旋转前臂，让双手旋前，使哑铃下降至与胸部水平。

主要锻炼肌肉：胸大肌、肱三头肌及三角肌前部。

（3）哑铃仰卧屈臂上提：仰卧于长凳，双足着地，两手共握一只哑铃，掌心贴近于上铃片的下面，将哑铃下降至头后，肘部微屈，然后回到起始位置。

锻炼肌肉：胸大肌、肱三头肌、大圆肌、背阔肌等。

（四）腹部训练

腹部肌肉训练方法。

（1）屈腿仰卧起坐：平躺，双手抱头，屈髋屈膝90°。双肩离地，双腿屈膝上抬靠近头部，全身蜷缩。

主要锻炼肌肉：腹直肌。

（2）悬垂屈膝上举：两手正握单杠，身体悬垂。双膝尽量上提，通过蜷身使双膝贴近胸部。

主要锻炼肌肉：腹直肌、髂腰肌。

（3）哑铃侧屈：两脚稍微分开站立，一手握哑铃，另一手置于头后。身体向持哑铃手异侧方向侧弯曲，然后回到起始位置。

主要锻炼肌肉：腹斜肌。

（五）腰部训练

腰部肌肉训练方法。

（1）俯卧两头起：俯卧在垫子上，两腿并拢伸直，两手置于头的两侧上方。两手臂、两腿夹紧同时向上抬起，然后同时放下。

主要锻炼肌肉：竖脊肌。

（2）侧卧弯起：侧卧在长凳上，上体悬空，两手抱头，两腿伸直固定在长凳上（用皮条或找同伴压住双脚），随后上提向侧上方弯起至最高点，稍停后回落。

主要锻炼肌肉：腹内、外斜肌。

（六）背部肌肉

背部肌肉训练方法。

（1）正握引体向上：双臂伸直，宽握距正手抓握单杠，身体上拉至眼睛高于单杠。

主要锻炼肌肉：背部肌肉群。

（2）杠铃划船：双腿微屈站立，屈身45°，保持背部挺直，正手抓杠，两手距离稍宽于肩，手臂垂直向下悬垂，然后垂直上拉杠铃至胸部，再回到起始位置。

主要锻炼肌肉：背阔肌、大圆肌、三角肌后部。

(3)耸肩杠铃:双手正握杠铃,置于大腿前侧,上身和手臂保持伸直,尽力向上、向后耸肩。

主要锻炼肌肉:斜方肌。

(七)腿部训练

腿部肌肉训练方法。

(1)负重半蹲:将杠铃放在斜方肌上,双手抓住杠铃杆,两脚分开与肩同宽,缓慢屈膝下蹲90°,然后站立。

主要锻炼肌肉:股四头肌、臀肌。

(2)俯卧小腿屈伸:俯卧于训练机垫上,双手抓握手柄,膝关节伸直,两脚后跟勾于脚托下方。同时抬脚直至膝关节完全屈曲,再回到起始位置。

主要锻炼肌肉:腘绳肌、腓肠肌。

(3)拉力器直腿内收:拉力器或皮筋系于脚踝处,另一只手抓住一个支撑点。连于拉力器的腿向对侧腿靠近并与其交叉,然后回到起始位置。

主要锻炼肌肉:收肌。

(八)臀部训练

臀部肌肉训练方法。

(1)负重弓步:双手持杠铃置于头后,向前跨一步下蹲。在弓步状态下,前腿上部稍微低于膝关节,然后回到起始位置。

主要锻炼肌肉:臀肌。

(2)跪撑屈膝抬腿:跪撑于地,双肘及双手撑地,前臂伸直。一腿屈膝于胸前,将另一条腿向后伸,直到髋部充分伸展。

主要锻炼肌肉:臀肌。

(3)仰卧直臂上挺:平卧,脊柱完全与地面接触,双手平放于髋部两侧,屈膝90°。双足用力将臀部向上挺。保持2s,降低臀部。反复练习。

主要锻炼肌肉:臀大肌、腘肌。

三、健美运动的基本练习方法及要求

(一)动力训练法(初级适用)

1. 强度

强度即负重量,抗阻力的大小。通常采用中、小重量,为极限强度的60%~80%。

2. 组数

练习局部肌肉(指1或2块肌肉)的组数。通常采用中、小组数,一次局部肌肉练习2或3组。

3. 次数

次数指单组练习中所做的次数。通常1~3次为少次数,8~12次为中次数,15次以上为多次数。

4. 密度

密度指单位时间内重复练习的量,体现着训练中时间和数量之间的关系。间歇时间2~

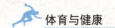

3min 为小密度,1~2min 为中密度,1min 以内为大密度。

5. 动作的速度

动作的速度指做动作的快慢。动作速度快对发展爆发力有利,慢速或中速对发达肌肉有利。

(二)静力训练法

静力训练法是让肌肉维持在一定姿势上用力,肌肉长度不变但张力发生变化。通常静止用力 6~10s,这样对某一肌群有更深的刺激。

第三节　健美操

本节概述了健美操运动的渊源与特点,具体介绍了基本的下肢动作、上肢动作和躯干动作。

一、健美操运动概述

健美操(Aerobics)是一项以有氧练习为基础,融体操、舞蹈、音乐为一体的体育运动。其寓健身于娱乐之中,能有效地增进心肺功能,塑造优美的形体,陶冶艺术的情操。

自古以来,人类对自身的"美",就有着执着的追求。孔子主张"尽善尽美",讲究身体姿态端正。古希腊人采用跑跳、投掷、柔软体操和健美舞蹈等各种体育项目进行人体美的锻炼。而古印度的瑜伽术中,许多姿势与现代健美操的动作相一致。

1980 年,世界级健美操冠军联合会(ANAC)成立。1983 年,国际健美操联会(IAF)成立。自 20 世纪 80 年代起,健美操运动在世界各地蓬勃发展。美国健身、影视明星简·方达编写了《简·方达健美术》,对健美操运动在世界范围的推广起到了积极作用。在法国,仅巴黎就有一千多个健美操中心。在俄罗斯、波兰、保加利亚等国,健美操已列入大、中小学的体育教学大纲。在日本不仅有青年、妇女喜爱的健美操,还创编了孕妇健美操、婴儿健美操等。健美操以其鲜明的韵律感、全面的协调性、广泛的适用性、显著的实效性风靡全球。

健美操的分类方法众多,根据练习的主要目的和任务,可分为竞技健美操和健身健美操;根据练习形式,可分为徒手健美操、器械健美操和特殊场地健美操;根据性别特征,可分为女子健美操和男子健美操;根据年龄特征,可分为幼儿健美操、儿童健美操、少年健美操、青年健美操、中年健美操和老年健美操;根据锻炼部位,可分为颈部健美操、肩部健美操、臂部健美操、胸部健美操、腹部健美操、腰部健美操、髋部健美操、腿部健美操等。

二、健美操运动的特点

健美操是在音乐伴奏下,以操化动作的方式,融入体操、舞蹈、武术等内容,组成单个动作或成套动作,通过参与者的身体练习,达到健身效果,追求完美体型的一项运动项目。其特点大致可归纳为以下几个方面。

(一)锻炼的目的性

健美操的目的是在健身的基础上把形体美、姿态美、动作美和精神美有机地结合起来表现,也是健美操区别于其他健身操、卫生操的重要标志。

(二)编操的针对性和科学性

健美操的编操是以对象的性别、年龄、职业、身体状况等具体情况为依据,以人体生理学、解剖学、营养学、心理学、人体造型学、体育美学等多学科科学理论为指导进行的。每套操的动作结构、数量、顺序、时间、身体各关节的作用、形体、心率、氧代谢等诸多因素都经过科学的测定和分析,因而具有明确的针对性和严密的科学性。

(三)动作的整体性

健美操的动作来源于体操中的徒手动作和队列队形,舞蹈中的现代舞、古典芭蕾和民族舞的基本动作等。但这些动作已不再是单纯的体操和舞蹈动作,而是按照健美操的特点,经过再创造形成健美操的特有动作,使之具有讲求实效、简单易行,造型美观、活泼多变、富有弹性、小关节对称活动等多重特点。这些动作通过科学有序的排列组合和重复,成为具有特定功能的动作整体。

(四)音乐的和谐性

音乐与健美操有着十分密切的关系,是健美操不可缺少的内容;与动作协调一致,具有鲜明的节奏,能够产生振奋人心的效果,使练习者进入意境,充分发挥自己的想象力,达到调节情绪、缓解疲劳、恢复精力、陶冶情操的目的。

三、健美操基本功

健美操的基本功包括基本动作和基本步法。

(一)健美操的基本动作

基本动作是健美操练习和进行群众性健身锻炼的基础。通过基本动作练习,可以掌握正确的动作技术,加大动作幅度,培养良好的动作形态。基本动作练习是按人体生理解剖结构分部位进行的,是一项专门性的练习,练习者可根据需要加以选择。

1. 健美操的常用手型

健美操中手型有多种,它是从爵士舞、芭蕾舞、西班牙舞、迪斯科、武术等手型中吸收和发展起来的。手型是手臂动作的延伸和表现,手型的变化不仅可以使手臂的动作更加丰富多彩、生动活泼,表现出美感,而且有助于加强动作的力量性。常用健美操手型有以下几种,其训练规范如下。

(1)掌:包括并掌、开掌、立掌(见图7-3)。

并掌:大拇指指关节弯曲内扣,其余四指并拢伸直。手腕伸直,使手臂呈一条直线。腕关节与掌指关节适度紧张。

开掌:五指用力分开,并伸直。

立掌:手掌用力上屈,五指自然弯曲。

(2)拳:包括实心掌、空心拳(见图7-4)。

实心拳:四指蜷握,大拇指末关节压住食指、中指的第二关节。

空心拳:四指卷曲,大拇指末关节压住食指、中指的末关节,拳呈空心状。

(3)其他手型:如图7-5所示。

西班牙舞手型:五指分开,小指内旋,拇指稍内收。

剑指:食指和中指并拢伸直,拇指、无名指、小指内收。

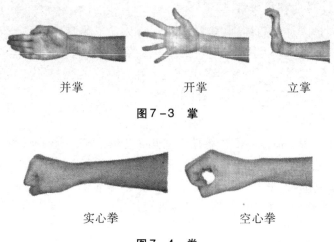

并掌　　开掌　　立掌

图7－3　掌

实心拳　　空心拳

图7－4　拳

V指：拇指与小指、无名指弯曲，食指与中指伸直并尽力分开。

响指：无名指与小指屈握，拇指与中指、食指摩擦后，中指击打大鱼际处产生响声。

西班牙舞手型　　剑指　　V指

响指

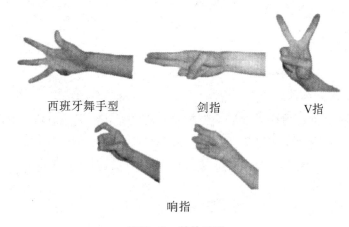

图7－5　其他手型

2. 头颈动作

（1）形式：屈、转、平移、绕及绕环。

（2）方向：向前的、向后的、向左的、向右的屈和平移；向左的、向右的转和绕、绕环。

（3）要求：做各种形式的头颈动作时，节奏一定要慢，上体保持正直。

3. 肩部动作

（1）形式：单肩的，双肩的提肩和沉肩；收肩和展肩；单肩的、双肩的绕和绕环；振肩。

（2）方向：向前的，向后的绕及绕环。

（3）要求：具体如下。①提肩、沉肩时，两肩在同一额状面上尽量上下运动。②收肩、展肩的幅度要大，肩部要平。③振肩动作要有速度、力度和弹性。

4. 上肢动作

（1）形式：由举、屈伸、绕、绕环、振、旋等动作组成。

(2)举:指以肩关节为轴,臂的活动范围不超过180°而停止在某一部位的动作,包括双臂和单臂的前、后、侧、侧上、侧下举。

(3)屈伸:指肘关节产生一定的弯曲角度,包括胸前屈、胸前单屈、肩侧屈、肩上侧屈和前屈、头后屈。

(4)绕及绕环:指单臂和双臂向内、外、前、后做180°以上、360°以下的弧形运动。

(5)振:指以肩为轴,臂用力摆至最大幅度,包括上举后振、下举后振、侧举后振。

(6)旋:以肩或肘为轴做臂旋内或旋外的动作。

(7)要求:具体如下。①上体保持正直,位置要准确,幅度要大,力达身体最远端。②做臂的摆动、绕及绕环,肩拉开用力。

5. 胸部动作

(1)形式:含胸、展胸、移胸。

(2)要求:练习时收腹、立腰。

6. 腰部动作

(1)形式:腰的屈、转、绕和绕环。

(2)方向:有向前、向后、向左、向右。

(3)要求:具体如下。①腰前屈和转时,上体立直。②腰绕和绕环时,速度放慢。

(二)健美操的基本步法

1. 踏步

踏步是指大腿抬平,小腿自然下垂,落地时用前脚掌过渡到全脚掌,两臂屈肘前后自然摆动,身体保持正直,抬头挺胸。

2. 交叉步

交叉步有向前、向后、向侧的交叉步。一脚迈出,另一只脚在前或在后交叉,重心随之移动。

3. V字步

V字步可分为正V字步和倒V字步。一脚迈出,另一只脚随之迈出呈一条直线,两脚距离略比肩宽,两膝自然弯曲,然后依次收回。

4. 开合跳

开合跳是指双脚跳起分开落地,髋部、脚尖外开,膝关节在同方向弯曲。蹬地还原时,脚跟并拢,膝缓冲。动作要有起伏、连贯、有弹性。

5. 弹踢腿跳

弹踢腿跳是指动力腿屈膝后摆,两膝之间要靠拢,前弹时不要过分用力,膝关节、髋关节运动伸展要有控制,脚尖绷直,然后换另一条腿做。

6. 后踢腿跳

后踢腿跳是指一腿屈膝后摆,髋和膝在一条线上;跑跳过程中,膝、踝关节充分缓冲,手臂可自然摆动。

第四节 瑜 伽

一、瑜伽的起源和概念

"瑜伽"起源于古印度,"瑜伽"一词来自梵文的译音"Yoga",意思是"连接""统一",其原意为"和谐"。它最初是古代婆罗门教(印度教的前身)为实现解脱而采用的一种修行方式。古印度瑜伽修行者在大自然中修炼身心时,无意中发现各种动物与植物天生具有治疗、放松、睡眠和保持清醒的方法,患病时能不经治疗而自然痊愈,于是古印度瑜伽修行者根据动物的姿势观察、模仿并亲自体验,创立出一系列有益身心的体位法,这些姿势历经 5000 多年的锤炼,教给人们的治愈法让世世代代的人从中受益。瑜伽作为一种健身方式,现已风靡全球,当今的瑜伽已不仅属于哲学和宗教的范畴,它有着更广泛的含义和更强大的生命力,我们现在知道的瑜伽,主要是用来增进健康和心智健康的练习方法。

二、练习瑜伽的注意事项

1. 运动注意事项

(1)防止生拉硬拽,造成不必要的损伤。不要过于勉强,每个人都有自己的极限,每个动作达到自己努力所能承受的限度,便能达到最佳效果,这就是最好的练习。

(2)注意呼吸。将正确、完整的瑜伽式呼吸贯穿整个练习的始终。必须在正确掌握一呼一吸后,再进行悬息的练习。

(3)意念集中。意念归于一点,效果会更显著。

(4)每个动作缓慢柔和、步骤明晰。包括每一个简单的起势和收势。

(5)机体骨骼有时发出"咯咯"的声响,这是正常的声响,说明骨骼关节趋向灵活、柔韧。感受到任何突然的剧痛,都要立刻停止活动,按摩放松。

(6)瑜伽姿势左右对称着做,使机体得到平衡发展。

(7)每个动作结束后,进行及时的调息,彻底地放松,帮助达到最好的效果。

(8)非初学者可根据自己练习的程度、机体的状况及需要,适当调节每项动作练习的时间、长度和力度。

(9)在任何一个姿势的练习前,必须认真阅读重点部分及所有的文字、图片指导。

2. 训练要求

(1)热身很重要,不要一开始就做高难度动作。

(2)练习瑜伽前后至少 1 小时内不要用餐。

(3)练习时要尽量放松心情,可容许身体有点疼痛,但不要太勉强。

(4)要专注呼吸,练习时不要大笑或说话,以保持规律、深沉的呼吸节奏。

(5)完成瑜伽动作后,休息也很重要,避免练习完后仍逛街、用神。

(6)在进行瑜伽的课程训练前,应摘除首饰、眼镜、隐形眼镜、钥匙等物。

(7)在进行瑜伽的课程训练时,应穿一些舒适有弹力的衣服,最好赤脚或只穿袜子。

(8)女性在经期和怀孕后,不宜做瑜伽练习。在这种情况下,许多瑜伽方法应该停止,有选择地从事锻炼。非经期时女性练习瑜伽,对治疗各种妇科疾病极有效,对于增进健康、延缓衰老也有帮助。

3. 了解体能

在进行瑜伽操练之前，了解自己的体能有多大是很重要的。千万不要勉强自己做一些体能力所不适的姿势或过度的运动量，因为瑜伽并不是竞技运动。

瑜伽操练过程可能会较慢，如果有充足时间，身体便会变得柔软。做每一个姿势时，让自己轻松起来。检查身体看有没有什么地方在姿势形成时感到紧张。如果有，借呼吸消除该部分的紧张。

4. 平衡身体

我们的日常动作，很多都会集中用身体的一部分或一侧。要获得健康并和谐的平衡，必须保持身体的所有部分具有同等的劲力和柔软程度。瑜伽的练习会让身体的每一组肌肉左右匀称地动作，以取得平衡。

5. 瑜伽音乐

瑜伽音乐系列基于源远流长的、古老的瑜伽颂，抒发自然界中舒松怡人的心弦，融合一种宁静祥和的音韵，带领人进入入静冥想的深度，感受天地宇宙间的自然万物，深深融入瑜伽的宁静之中。这些特有的音乐节奏与旋律，不仅可以引导瑜伽的锻炼气氛，更是使忙碌的人群心情平静、情绪健康、提高效率的极佳手段。

三、瑜伽课程

1. 瑜伽课程分类

（1）女子瑜伽。在动静结合中，塑造形体美。缓解压力，放松全身肌肉，提高身体的协调性和控制能力。

（2）男子瑜伽。帮助男性消除压力与疲倦，恢复精力。调节颈椎与脊椎的问题，调节血脂，并增强肾脏功能，提升精力。

（3）少年儿童瑜伽。促使少儿的骨骼生长发育，帮助调整坐与站的正确姿势，培养集中注意力的能力，使其身体舒展，促进内脏功能，提高少儿的学习能力。

（4）中老年瑜伽。可帮助中老年人的骨骼与肌肉恢复弹性与活力，促进内脏与各腺体的功能，以达到抗衰老、抗疾病的目的。

（5）东西方瑜伽。东方的瑜伽主张顺其自然，锻炼的时候不能操之过急，提倡在自己觉得舒服的情况下练习，然后循序渐进地进阶。东方的瑜伽独特的魅力在于：通过洗心涤虑，消除人们心中的杂念，从而进入宁静、祥和的境界。

西方瑜伽被称为"Power Yoga"，因为它注重通过加强肌力训练，发掘自身潜力。西方瑜伽认为："人所拥有的潜力无限，必须不断去激发它，才能使其被发掘出来。"所以，其锻炼强度较东方瑜伽要大得多。

2. 练习瑜伽的作用

（1）保持和促进系统发挥正常的功能。

（2）加强内分泌系统的功能。

（3）按摩和强化各部位器官，使其功能平衡。

（4）促进血液循环、新陈代谢。

(5)瑜伽呼吸法,调整心灵,延长生命力。
(6)调整脊椎,增强柔韧性。
(7)减肥和保养皮肤。
(8)提升心理、精神能量,使心灵平和、宁静。
(9)排除体内毒素。
(10)减缓和消除慢性疾病。

四、瑜伽的基本动作

(一)瑜伽坐姿

(1)简易坐(散盘):腰背挺直,坐于垫子上,双腿交叉,右脚压在左腿下方,挺直脊背,收紧下颌,眼睛看向前方一个位置,两手掌心向下轻放在膝盖处。

(2)莲花坐:弯曲左膝,将左脚放在右腿的大腿的根处,弯曲右膝,将右脚放在左腿上贴近大腿根部,双膝向两侧地面靠近,类似盘坐,脚心朝上,挺直脊背,收紧下颌,保持正常呼吸。

(3)半莲花坐:弯曲左膝,将左脚放在右腿上贴近大腿根部,脚心朝上,可两腿交换做;挺直脊椎收紧下颌。(初学者可采用这一坐姿)

(4)雷电坐:两膝靠拢,两脚跟指向外,伸直背部,臀部放在两个分离的脚跟之间。两手轻放在膝盖处。(初学者可用手握拳支撑在臀部后方)

(二)瑜伽的体式

1. 拜日式

预备姿势:两脚并拢,两手垂直于体侧,自然呼吸。

(1)两手在胸前合十,两脚并拢,眼睛看向前方一个点或轻轻地闭上眼睛。

(2)吸气,两手掌心由前至上伸展手臂,打开手臂,上体慢慢后仰。

(3)呼气时,上体向前弯曲,两手从身体的极限范围处抓住脚跟或者放于地板上,膝盖始终不能弯曲,头部尽量靠近小腿。

(4)吸气的同时左脚向后伸展,两掌和右脚在地板上保持不动,同时慢慢抬头向后弯曲上体,胸部向前。

(5)呼气,右脚向后,两脚并拢,抬起臀部,两脚压实地板,两臂和两腿伸直。

(6)弯曲两肘,弯曲两腿使膝盖着地,胸部尽量贴紧地面,下颌触地,身体俯卧于地板。

(7)呼气,将胸部前移,直到腹部、大腿接触到地面,同时伸直手臂,上身抬起,头部后仰。

(8)吸气,弓背,两臂和两腿伸直撑于地板。

(9)呼气,弯曲左膝,向前迈一大步至两手掌之间,左脚脚趾与指尖平行,抬头向上看,脊柱向后弯曲。

(10)吸气,右脚收回与左脚并拢,伸直双腿,双手抓住脚踝,慢慢呼气,使头尽量靠近双膝。

(11)吸气,两手臂伸直,掌心向前,由前至上抬起,上体也随之慢慢抬起,带动身体后仰。

(12)呼气,手臂经两侧慢慢打开并收回,两手胸前合十,恢复到预备姿势。

2. 合掌立脚式

(1)重心分布在两脚上,双手自然垂落在体侧,抬头挺胸,小腹内收,不要耸肩。

(2)吸气,双手合十在胸前,肘部抬高,眼睛看向前方,呼气,感受身体的放松。

(3)吸气时,双手掌心相对举过头顶,呼气时,指尖向上延伸,收紧尾骨,伸展脊柱,收紧下颌。

3. 风吹树式

(1)两脚并拢,双手自然下垂落于体侧,吸气时,两臂侧平举,脚尖脚跟稳稳地踩于地板上,脊柱向上伸直。

(2)呼气,收紧小腹,右臂向上伸直举过头顶,指尖找天花板,左臂落于体侧,保持身体平衡,两肩平行。

(3)呼气时,腰部以上部位在右臂的带动下,慢慢向左弯曲,拉直腰腹和手臂,头部转向上方。保持两个呼吸。

(4)吸气时身体慢慢回到原来的站立位置,放下右臂,反方向练习。

4. 幻椅式

(1)两脚自然打开与肩同宽,重心在两脚之间,双手垂直于体侧,收紧小腹,眼睛看向前方,脊柱伸直,保持自然呼吸。

(2)吸气,双臂向上伸直,头微微抬起;呼气,收紧尾骨,伸展双臂和脊椎,脚跟踩紧地面,保持两个呼吸。

(3)呼气,收紧臀部,膝盖弯曲,臀部后坐,想象臀部下方有一把椅子,稳稳地坐在椅子上,保持自然呼吸。

5. 双角式

(1)双脚大大地打开,双手自然垂直于体侧,吸气,双臂经两侧向上伸展,夹住耳朵。

(2)呼气时,双臂向前下方伸展,双手放在两腿之间,再次吸气,抬头看向前方,背部尽量向前伸展。

(3)呼气,弯曲双肘,头顶轻触地面,背部尽量与地面垂直;吸气,手掌放在地面上,手臂伸直;呼气抬头看向前方,延伸背部,再次吸气,双臂由前至上慢慢带回身体,呼气,手臂自然下落。

6. 鸟王式

(1)两脚并拢站立在垫子上,手臂自然下垂放于体侧,腹部稍收,脊柱竖直。

(2)双膝弯曲,抬起左腿,从右腿的前方跨过右膝,用左脚的脚背勾住右小腿,身体的中心在两腿之间,初学者可用脚尖点地,维持身体的平衡。

(3)向上抬起双臂,左臂从前方压过右臂,肘关节交叠,双手掌心相对。

(4)身体保持平衡后,吸气,下蹲,上体前倾,腹部靠近大腿,保持3个呼吸。恢复到最初姿势,再做反方向练习。

7. 双腿头碰膝式

(1)双脚并拢向前伸直,腰背挺直,脚尖朝上,坐于垫子上,两手放于体侧。

(2)吸气,手臂上举,掌心向前,保持腰背直立,感觉到脊椎的伸展,两臀均匀地落于垫子上。

(3)呼气,手臂带动腰背向下向前倾,腹部收紧,双腿伸直,膝盖始终不能弯曲。

(4)再次呼气,身体在呼气过程中继续前倾,胸部尽量贴近双腿,保持背部伸直,两手环抱脚掌处,并保持5个呼吸。

8. 鸽子式

(1)直腿并腿坐,弯曲左膝,左脚靠近会阴处,脚背贴地,右脚打开向外伸直,小腿向后。

(2)吸气,左手向上与右手相扣,将右脚尖放于右肘窝处,眼睛看向右脚尖。

(3)吸气,双手抬起相扣,头部看向左上方,胸腔向外打开,保持3个呼吸;呼气时放下右脚,回到最初姿势,左右脚交换练习。

9. 花环式

(1)山式站立,腰背直立,双腿并拢,双手垂直于体侧。

(2)身体下蹲,双臂前平举,双膝打开尾骨下收,伸展上半身;身体前倾手臂向后弯曲,环抱膝盖,脚跟下压,控制好身体平衡。

(3)呼气时身体继续下压,头触地,保持3个呼吸,放松身体。

10. 下犬式

(1)双手撑地跪立在垫子上,成四角板凳状,五指自然打开,使手掌紧贴地面,吸气时,由手部至肩部拉紧肌肉,呼气,收拢肩胛。

(2)保持双臂伸直,吸气,提臀,伸直双腿,双脚打开比肩宽,脚跟尽量落地,保持背部伸直。

11. 战士一式

(1)脚掌平行,以正位站立,手臂自然垂落于体侧。脊椎往上延伸、拉高、腰背挺直,肩放平,胸腔微微打开,收紧下臂。

(2)吸气,右脚向前迈出一大步,脚尖朝前,左脚跟稍向外旋转,稳定住身体,双手叉腰,脊柱向上伸直,自然呼吸,目视前方。

(3)呼气,右脚膝盖弯曲成90°,左脚掌稳稳踩住地面,当右大腿与地面平行时,吸气,双臂向上伸直,十指打开。脊柱保持往天空方向延伸,尾骨向下内收,左腿往后方充分伸直。

12. 战士二式

(1)正立,双脚打开约两个肩宽,双臂打开侧平举,双肩放平,脊椎保持向上伸直,感觉自头顶有一股拉力,带动身体向上。

(2)右脚跟往右转动90°,左脚稍向内转,身体保持面向前方,不要左右转动。吸气,尾骨内收,帮助身体向上,保持平衡。

(3)吸气,弯曲右膝,身体保持向上伸直,双臂继续保持在同一直线向两侧延伸。头部转向右侧,眼睛看向右手指尖的方向。

(4)吸气,抬高右臂,身体在右臂的带动下往上延伸,左臂落在左腿上,保持3个呼吸。吸气时收回身体,换边练习。

13. 战士三式

(1)正立在垫子上,双脚打开约两个肩宽,双臂在体侧平伸,放平肩膀,脊椎保持向上伸直。吸气,右脚跟往右转动90°,左脚稍向内转,身体保持面向前方。

(2)身体转向右侧,双臂向头顶上方延伸,掌心相对;呼气,弯曲右腿,上身在保持伸直的状态下缓慢前倾。左脚脚尖点地,左脚跟微微上抬,使双臂、颈部、背部、腿部都处在一条直线上,保持 2 或 3 个呼吸。

(3)吸气,将身体重量转移到右脚掌上;呼气伸直右膝,抬高左腿,双臂朝体前延伸,以盆骨为中心,保持身体水平延展,眼睛看向地面,保持 3 个呼吸,收回身体,换腿练习。

14. 舞者式

(1)山式站立,面朝前方,左腿往后弯曲,左手从内侧抓住前脚掌,帮助左脚跟尽量靠近臀部。

(2)吸气,抬高右臂向上伸直,左手拉左脚,使左脚向后与右膝平行,右腿伸直,保持身体平衡。

(3)呼气,上半身从髋关节处稍向前倾,左腿向后抬高,左肩后转,胸腔打开,保持髋部不要外翻,伸展脊柱。

(4)呼气,上半身向下弯曲,左腿向上伸,左髋部下压,右臂向前伸直,保持身体平衡。保持 3 个呼吸,身体回到原位,换另一边练习。

15. 头倒立式

(1)双膝并拢,屈膝跪地,身体前倾,前额触地,双手十指交叉相握,两手臂呈正三角形,中心移至肘部,抬起臀部,保持背部平直。

(2)头顶部放在手臂形成的三角形内,头顶地,双手抱住后脑,脚尖点地,慢慢蹬直膝盖,双脚向头部慢慢靠近。

(3)臀部慢慢抬高,直到后背垂直于地面,牢牢固定头部和肘部,收紧腹部肌肉,先弯曲右腿膝盖,再弯曲左腿,保持身体平衡。

(4)双脚离地后,先向上伸直左腿,再伸直右腿,双腿伸直使身体呈一条垂直线,保持自然呼吸,感觉血液回流时收回身体。

第八章 职业体能

第一节 职业体能概述

职业体能是指与职业(劳动)有关的身体素质和心理素质,以及在不良劳动环境条件下的耐受力和适应能力。职业体能分为两基,与职业有关的身体素质和心理素质。

一、与职业有关的身体素质

(一)身体组成

人体是由脂肪及非脂肪组织(如肌肉、骨骼,水和其他脏器等)组成,保持理想体重对维持适当的身体组成有着十分重要的意义。一般体重过重可能是体内囤积过多的脂肪造成的,脂肪过多容易导致一些慢性疾病的发生,如糖尿病、高血压、动脉硬化及心肌梗死等。

(二)肌肉力量

肌肉力量是指一块肌肉或肌肉群一次竭尽全力从事抵抗阻力的活动能力。所有的身体活动均需要使用力量。肌肉强壮有助于预防关节的扭伤、肌肉的疼痛和身体的疲劳。

(三)肌肉耐力

肌肉耐力是指一块肌肉或肌肉群在一段时间内重复进行肌肉收缩的能力,与肌肉力量密切相关。肌肉力量是肌肉所能产生的最大力量,肌肉耐力是肌肉持续收缩的能力。良好的肌肉力量与肌肉耐力可以维持正确的姿势,提高工作效率。肌力和肌耐力不好的人较容易产生肌肉疲劳与酸疼的现象。

(四)柔韧度

柔韧度是指使四肢和躯干充分伸展而不会感到疼痛的一种能力。具有良好柔韧度的人,肢体的活动范围较大,肌肉不容易拉伤,关节也不易扭伤。关节柔韧度不好的人,往往会造成姿势不良的问题,如下背疼及肩颈疼痛等。

(五)心肺功能

心肺功能即心肺耐力,是指人体的心脏、肺脏、血管、血液等组织的功能,与氧气和营养物质的输送以及代谢物的清除有关。心肺功能是反映全身性运动持久能力的指标。心肺耐力良好的人能比别人更有效地完成日常活动,而不容易感到疲惫。

(六)灵敏性素质

灵敏性素质是指在各种条件下,精确而协调地完成复杂动作的能力,亦指快速的应变能力。它是速度等各种身体素质在特定条件下的综合反映。灵敏素质好的人,在面对纷繁复杂的情况时,能保持冷静的头脑,清晰的思维。灵敏性素质高的人更能适应现代社会。

二、与职业有关的心理素质

心理素质是指个体在心理过程、个性心理等方面所具有的基本特征和品质。它是人类在长期社会生活中形成的心理活动在个体身上的积淀,是一个人在思想和行为上表现出来的比较稳定的心理倾向、特征和能动性。心理素质良好的人,总能保持平和的心态面对现实,能清楚地认识自我,正确地评价自我。在处理失败时,能积极地总结失败的原因并从中吸取教训。

三、职业体能的分类

依据劳动和社会保障部认定的职业分类目录和教育部《普通高等学校高职高专教育指导性专业目录(试行)》,结合各职业岗位劳动(工作)时的主要身体姿态进行相对的分类,共分为五类,即静态坐姿类,主要是会计、文秘、行政办事员、IT 行业等;静态站姿类,主要是营业员、酒店前台接待等;流动工场操作类,主要是营销员、导游、记者等;工场操作姿态类,主要是机械、生产线操作工等;特殊岗位姿态类,主要是警察、空中乘务员,野外作业人员等。

第二节 静态坐姿类职业体能教育

一、静态坐姿类职业岗位简介

坐姿类职业是以脑力劳动为主,采用"伏案式"工作方式的公务人员、财务人员、文秘以及大部分的办公室人员。他们由于职业的特殊性,在每个工作日的 8h 劳动中,坐的时间长达 6~7h 以上,坐位姿势是一种静态姿势。静态姿势下完成单一工作,极易引起疲劳,从而使工作效率下降,易出现工作差错。长期以单一姿势工作,容易引起机体许多功能和机构的改变,进而导致疾病,即职业病。

二、静态坐姿类职业身体生理心理负荷特点及减缓方法

(一)静态坐姿类的解剖学特征及减缓方法

1. 头颈部

坐着工作时,一般头部呈前俯或后仰姿势。肩、颈部肌肉是支持颈部活动的基础,其中以斜方肌、胸锁乳突肌为主要的受力肌。斜方肌位于颈部和背部,呈扁平三角形,主要控制颈部的前屈、后伸,头颈部若过分下垂或颈椎前屈,会使斜方肌处于紧张状态。研究表明,坐位时颈部肌肉受力与颈角大小相关,颈部受力随角度变大而增加,颈部损伤患者率随颈角增加而升高。

方法:工作时要经常做头部前屈、后伸、左倾、右歪及绕环运动。做工间操时要重视和加强颈部的活动。坐位工作时,颈部保持在前倾小于 10° 较为适宜。可将电脑屏幕抬高或后倾,使颈部自然地保持在前倾小于 10°。

2. 胸部

长期静坐,低头含胸,胸廓得不到充分扩张,长期保持这种姿势,一方面会影响肺的通气

功能,另一方面会使胸廓变形,造成驼背。

方法:坐位工作时尽量保持挺胸姿势为宜。

3. 背部

人体在坐着的时候,一般呈弓起,背部向前微倾状态。首先,在该姿势下工作,脊椎骨角度和脊椎间盘高度的活动对背部所承受的压力是不均匀的;其次,人体背部的伸肌在一天的运动中几乎没有主动用力的动作,大多数时间在被动拉长中,起着维持人体运动平和和协调的作用。相对其他肌肉群,人的背部肌肉工作时间最长,因此,极易产生疲劳,容易引起小肌肉纤维损伤,从而造成背部的多种不良反应,如酸、胀、痛、麻等。

方法:坐位工作时尽量不时地多做积极的"挺胸"动作,纠正不良姿势,如图 8-1 所示。

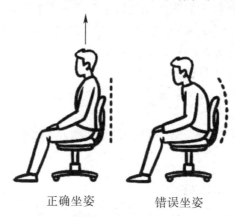

正确坐姿　　　　错误坐姿

图 8-1　坐姿背部对比

4. 腰部

人体在坐着的时候,腰椎承受着人体上身的重量。腰肌和腹肌像是一块夹板,保持一定的张力以稳定腰椎。工作姿势对腰肌受力有很大的影响。

方法:不时地"晃动或扭动"及"靠椅"是减缓腰部疲劳的方法。做工间操时要重视和加强腰部的活动。

(二)静态坐姿类的生理学特征及减缓方法

1. 血液循环

血液周流全身,向全身输送氧和营养物质,以保证生命活动的正常进行。静态坐姿类最大的问题是下肢处于静止不动状态,下肢肌肉不能促进回心血液循环,故长期久坐的人,下肢特别是足背会引发水肿,还会使直肠-肛管静脉回流受阻,静脉扩张而引发痔疮。同时造成心脏部位以下的静脉回心血流缓慢,减少心脏以上的部位,特别是大脑的血流供应。脑血供应不畅通,易出现头晕眼花、瞌睡、工作效率降低、失误率提高等现象。

久坐时,心脏的回心血液减少,使心脏长期处于缺血状态,功能日益减退,心肌渐趋衰弱,血液循环减缓,导致血液在血管中淤积,为心肌梗死、高血压、冠心病等心血管疾病埋下了隐患。世界卫生组织曾明确指出,久坐是促发冠心病的重要因素。

方法:坐位工作时尽量不时地多做下肢及足部肌肉用力动作,幅度不用过大,下肢肌肉有规律地收缩和松弛,可使血液循环得到改善;也可以不时做提肛、缩肛运动。

2. 肺通气功能

长时间坐位伏案,胸廓得不到充分扩张,会影响肺的通气功能。

方法:不时地多做积极的"挺胸"动作,以利于肺的充分扩张,加强通气和换气的功能。

3. 骨骼肌

骨骼肌是维持各种姿势的基础。坐位姿势是一种静态姿势,维持坐位姿势时,肌肉中的肌纤维长时间处于一定的静力性工作状态。虽然依靠中枢神经系统的调节使肌纤维的紧张活动可以交替进行,但这种调节的作用是相对少而慢的。在以坐姿工作时,肌纤维的紧张性收缩也限制了肌肉的血液供应。以致肌肉获取氧和营养物质相对较少,而肌肉的代谢废物不易排出。久之,会引起肌肉僵硬、酸疼,甚至发生肌肉萎缩,引起腰酸背疼。

方法:坐姿工作 2h 以上即可产生肌肉疲劳感,使工作效率下降。所以,静态坐姿中要做小幅度或静止的肌肉运动。坐 2h 左右应起来走动 10min。

4. 眼

长时间对着电脑工作,眨眼次数明显减少(由日常每分钟 22 次,锐减到 4~5 次)眼睛特别容易干涩。盯着电脑屏幕,其闪烁会使眼睛不断进行调节,睫状肌容易疲劳。此外,电脑也是个强发光体,同时电脑页面内容繁多,因此,长时间用电脑时视觉负担很重,常使眼睛发胀。

眼睛长期负荷工作,会导致视力下降,易导致干眼症,进而引发眼部炎症,同时还可以导致身心疲劳。

方法:看远看近法。看远方 3min,再看手掌 1~2min,然后再看远方。这样远近交换几次,可以有效消除眼睛疲劳。

(三)静态坐姿类工作的心里负荷及减缓方法

静态坐姿类工作的工种繁多,但不同工种工作人员心里负荷的大小相差甚远。如以坐姿劳动的职业司机、财会人员、电脑操作员,其劳动的特点是精神高度集中、紧张、心里负荷极大、易产生焦虑。长期紧张的脑力劳动以及精神负担过重会导致神经衰弱症和其他一些心血管疾病。

三、静态坐姿类职业体能训练方法

(一)静态坐姿类岗前职业体能储备方法

静态坐姿类职业身体活动较少,因此岗前和在岗都需要积极地进行体育锻炼。

1. 耐力素质储备

耐力素质:耐力素质是指人体在长时间进行工作或运动中克服疲劳的能力。其也是反映人体健康水平或体质强弱的一个重要标志,主要包括有氧耐力和无氧耐力。

(1)1 分钟立卧撑。立卧撑由直立姿势开始,下蹲两手撑地,伸直腿成俯撑,然后收腿成蹲撑,再还原成直立。每次做 1min,4~6 组,间歇 5min,强度为 50%~55%。要求动作规范,必须站起来才算完成一次练习。也可以做立卧撑接蹲跳起,则强度稍大,做 30 次为一组,组间歇为 10min。

（2）双脚交换跳。每次做 3min，3~5 组，间歇 5min，强度为 50%~55%。

（3）蹲走。呈蹲姿势，向前走 50~70m，重复 5~7 次，每组间歇 3~5min，强度为 60%~65%，不规定速度，走回来时尽量放松。

（4）连续跑台阶。在高 20cm 的楼梯或高 50cm 的看台上，连续跑 30~50 步，如跑 20cm 高的楼梯，每步跳 2 级。重复 6 次，每次间歇 5min，强度为 55%~65%。要求动作不能间断，但不能规定时间，向下走尽量放松，心率恢复到 100 次/分钟时可开始下一次练习。

（5）慢跑（"法特莱克法"）。"法特莱克法"是变换练习法的一种特殊形式，其特点是在各种变换的外界自然环境条件下进行持续、变速的跑步练习，时间长达 1~2h，强度自我调节，有节奏地变化。如在草地、树林、小丘、小径等自然条件下，把快慢间歇跑、重复跑、加速跑和走等方法不规则地混合起来练习，跑的距离可为 5~15km。

（6）疾走。可在场地或公路上做持续长距离疾走 4000m，也可做 2000m 以上的疾走，重复次数 3~6 次，间歇 5min。强度为 55%~60%。

（7）原地间歇高抬腿跑。原地或前支撑做高抬腿跑练习。每组 100~120 次，6~8 组，每组间歇 2~4min，强度为 55%~60%，要求动作规范，不要求时间，但动作要不间断地完成，也可负重做练习，但每组练习次数及组数可适当减少。

（8）大山压顶。在草（土）地上下肢成马步，双臂曲肘上举与头成"山"字形。高抬一膝经体前向对侧转体 180°，落地成半蹲"马步"，落地后换腿进行第二次。每组 20~30 次，重复 4~6 组，组间歇 5min，强度为 55%~60%（适合体重较重者）。

（9）后蹬跑。每次 100~150m 或负重后蹬跑 60~80m，6~8 组，组间歇 3~5min，强度为 50%~60%。

（10）跳绳。原地做正摇跳绳，连续进行。每组跳 100~120 次，做 4~6 组，组间歇 5min。强度为 55%~60%。心率必须在恢复到 120 次/分钟以下时，方可进行下一组练习。

2. 力量素质储备

（1）俯卧撑。动作方法是俯身向前，手掌撑地，手指向前，两臂伸直，两手撑距同肩宽，两腿向后伸直，两脚并拢以脚尖着地。两臂屈肘向下至背低于肘关节，接着两臂撑起伸直成原来姿势。练习要求：身体保持平直，不能塌腰成"凹"形，也不可拱臂成"凸"形。

多次重复该动作，能发展三角肌的前部、胸大肌以及肱三头肌等上肢力量。若提高练习难度和效果，也可变换以下练习：①手掌支撑变为手指支撑，连续做俯卧撑动作。②两臂宽撑，两手握砖连续做俯卧撑动作。③一腿抬起，另一腿着地，连续做俯卧撑动作。④两脚放在高台上，连续做俯卧撑动作等。⑤两手放在高台上，连续做俯卧撑动作（初学者适用）。

（2）引体向上。动作方法是两手正握或反握单杠（或门框等），握距同肩宽，两脚离地，两臂伸直，身体悬垂。引体发力身体向上拉至头过杠面，然后身体慢慢垂下来成原来姿势。练习时要求发力引体，不要借助身体摆动或屈蹬腿的力量，多次重复该动作能发展胸大肌、背阔肌以及肘关节屈肌群力量等等。

（3）双杠臂屈伸。动作方法是两臂屈伸在双杠上，身体垂直在杠内，屈臂至两臂完全弯曲，接着用力撑起，使两臂伸直成原来姿势。练习要求：身体要直，下肢自然下垂，腿不要屈伸摆动，多次重复该动作能发展胸大肌、三角肌前部、肱三头肌力量。

（4）仰卧起坐。动作方式是仰卧在地板上或体操垫上，使身体处于水平位置，腿屈曲，脚面压重物或固定，两手一般抱头，然后向上抬上体至肘触及膝部，再慢慢后倒成原来姿势。

多次重复该动作,能发展腹肌、叉腰肌等力量。练习要求:起坐动作速度要快,仰卧时动作速度应慢。

(5)收腹举腿。动作方法是仰卧在地板上或垫子上,身体伸直处于水平位置上,两臂伸直自然置于体侧,然后收腹向上举起双腿至垂直部位,再慢慢放下成原来姿势。练习要求:收腹举腿动作速度要快,放腿速度应慢,多次重复该动作能有效地发展腹肌和髋关节屈肌群力量。

(6)体后屈伸。动作方法是身体俯卧在地板上或垫子上,髋部支撑,脚固定,两臂前举连续做体后屈伸动作。练习要求:体后屈时,上体尽量抬高。主要发展伸髋肌、背肌和脊柱伸肌的力量。

(7)俯卧背腿。动作方法是俯卧在地板或垫子上,两腿并拢伸直,髋部支撑,两臂自然伸直置于体侧,连续做两腿向后上抬起动作。练习要求:两腿尽量向上抬起。俯卧腿上抬是发展脊柱伸肌与髋关节伸肌力量的有效手段之一。

(8)连续跳跃。动作方法可用单腿跳跃和双腿跳跃进行水平跳、向前跳和向上跳。主要发展大腿前、后群肌、小腿群肌及踝关节力量。练习要求:上体正直、蹬地有力、动作连贯。主要练习方法有:①原地单腿跳。②原地双腿跳。③单腿在高物上交替跳。④跳深。⑤多级跨步跳。⑥多级跨跳步(向上跨一步,跳一步)等等。

(9)提踵运动。动作方法是在两腿底下放一块 5~6cm 厚的木板,前脚掌踏于木板上,脚后跟着地,然后尽量提高脚后跟再进行放下,连续进行。练习要求:身体正直、上体挺拔、臀部不要后坐,该动作练习主要发展小腿后部的比目鱼肌、腓肠肌、腓骨肌、短肌群力量,同时对踝关节处韧带的收缩亦有益处。

(10)蹲起。反复蹲起。

3.柔韧素质储备

(1)两手五指相触用力内压,使指根与手掌背呈直角或小直角。

(2)两手五指交叉直臂头上翻腕,掌心朝上。

(3)面对墙站立,连续做手指推撑。

(4)压肩:①手扶一定高度,体前屈压肩。②面对墙一脚距离站立,手、大小臂及胸触墙压肩(逐渐加大脚与墙的距离)。

(5)弓箭步转腰压腿。

(6)两脚前后开立,向左后转,向右后转,来回转腰。

(7)体前屈手握脚踝,尽量使头、胸、腹与腿相贴。

(8)站位体前屈,手触地面,直到胸、头内贴腿部。

(9)后桥练习,逐渐缩小手与脚间距离。

(10)俯卧撑交替举后腿,上体尽量后抬成反弓形。

(11)练习者面对墙站立,两臂上举扶墙,抬头挺胸压胸。要求让胸尽量贴墙,幅度由小到大。

(12)前后劈腿。可独立前后振压,也可以将腿部垫高,由同伴帮助下压。

(13)左右劈腿。

(14)压腿:将脚放在一定高度上,另一腿站立脚尖朝前,然后正压(勾脚)、侧压、后压。

(15)踢腿:原地扶把杆或行进,正踢(勾脚)、侧踢、后踢。

(16)摆腿:向内、向外摆腿。

(17)弓箭步压腿。

(18)坐位脚面相向,向下振压双膝。

(19)跪坐压脚面。

(20)练习者跪在垫子上,利用体重前后移动压足背。

4. 灵敏素质储备

(1)一对一脚跳动猜拳、手猜拳、打手心手背、摸五官等练习。

(2)各种站立平衡,如俯平衡、搬腿平衡、侧平衡等。

(3)头手倒立、肩肘倒立、手倒立停一定时间。

(4)向上抛球转体2周、3周再接住球。

(5)跳转360°前进,保持直线运行。

(6)原地跳转180°、360°、720°落地站稳。

(7)各种徒手操练习。

(8)脚步移动练习,如前后、左右、交叉的快速移动,单脚为轴的前后、转体的移动,左右侧滑步、跨跳步的移动。

(9)燕式平衡。由站立开始,右脚向前一步,上体前倾,左腿后上举高于头,抬头挺胸,两臂侧举成燕式平衡,站立的腿要伸直,两脚交替进。

(10)前滚翻、后滚翻、侧滚翻。

(二)静态坐姿类在岗职业体能练习方法

静态坐姿类职业身体活动较少,因此,在岗和岗前都需要积极地进行各种体育锻炼。静态坐姿类岗前的体能储备练习也适用于在岗职业体能练习。

第三节　静态站姿类职业体能教育

一、站姿类职业岗位简介

现代社会分工精细,大部分工作的体位改变很少。教师、迎宾小姐、前厅接待、餐厅服务员、售货员、厨师、模特等职业岗位服务人员,均需要在工作期间长时间站立。

二、站姿类职业解剖学特征及生理和心理负荷特点

(一)站姿的解剖学特征

1. 腰腹部

自然站立时,躯干部位的重量经过腰椎向下传导,需要腰部肌肉力量予以支撑,才能保持腰椎的正常生理前凸。

2. 脊椎

脊柱的负荷为某段以上的体重、肌肉张力和外在负重的总和。不同部位的脊柱节段承担着不同的负荷。由于腰椎处于脊柱的较低位,负荷相当大。

3. 下肢

人体维持某种姿势,均需要一定的肌张力。人体走动或站立时,小腿肌肉等张收缩以维持身体姿势并保持身体平衡。但长时间保持站立不动,会令下肢血液循环欠佳,导致下肢肿胀,甚至导致静脉曲张。

(二)站姿劳动(工作)的生理和心理负荷特点

站姿也是一种静力性工作,对血液循环的影响与坐姿相同。直立体位时,因血液重力的流体静力学作用,血液滞留在心脏水平以下的血管中,由于静脉管壁薄而易于扩张,其容积可大为增加,而使静脉血液回流量下降。故站立时间较长,血液回心障碍,滞留量大而出现脚背水肿、趾关节炎或静脉曲张。

与坐姿类职业岗位相比,站姿类岗位职工的心理负荷相对较小,但该工种对责任心的要求相对较高,工作环节要求细致严密,服务敏感性强,职业人员必须精神饱满,情绪稳定,有较强的自我控制能力和排除干扰的能力,有比较强的应变能力和应急能力。

三、静态站姿类职业体能训练方法

(一)静态站姿类职业岗前体能储备

对将来从事站立型职业的学生,这类工作较多涉及社会服务领域,身体常处于站立状态,对下肢的力量与耐力要求较高,应以储备他们的下肢和腰腹肌的力量为主,改善身体的平衡能力和灵敏性素质。学校可开设一些形体操、健美操课,使他们形成合理的站立姿势与优美的体态。

1. 静态站姿类耐力素质储备

静态站姿类耐力素质储备同静态坐姿类。

2. 静态站姿类力量素质储备

静态站姿类力量素质储备同静态坐姿类。

3. 静态站姿类柔韧素质储备

(1)体前屈:①站立两腿并拢体前屈,两手握踝或腿后抱拢,静止一定时间。②分腿站立体前屈,上体在两腿中间连续摆动,两手向后伸。

(2)体后屈:①身体呈仰卧桥。要求臂、腿伸直,肩拉开。②分腿站立,双手上举向后下腰呈桥。随着训练水平的提高,手脚距离逐渐缩短。③分腿或并腿站立,两臂上举。上体向后弯曲到一定程度停止不动,保持一定时间。

(3)压腿:将一腿置于高台上进行。要求腿直髋正,可向前、侧、后方向做。

(4)踢腿:踢腿的方式很多,可扶把原地踢,也可行进间踢;支撑腿可提踵,也可屈膝或屈膝提踵;上体和两臂可有多种姿势,可前倾,可后仰,也可侧屈。从方向上看,除常见的前、侧、后踢腿外,还有混合轴方向的踢腿,如十字踢腿和偏腿等。不论何种形式的踢腿,都要求用脚背的力量来带动。踢腿时快速有力地踢起,有控制地轻轻落下,支撑腿伸直顶髋。侧踢腿时臀部要向前顶,开髋(大腿外回旋)。

(5)控腿:向前、侧、后三个方向做控腿练习。训练髋关节的柔韧性以及动力腿在空中的控制能力。要求直膝、立腰、胯上顶。

(6)劈叉。两腿前后开立或左右开立。纵劈叉要求两腿要伸直,臀部着地,主体正直。横劈叉要求髋关节打开,两腿在一条线上,上体挺直,立腰。

4. 灵敏素质储备

灵敏素质储备同静态坐姿类。

5. 体姿礼仪练习

在人际交往中,站立姿势是一个人全部仪态的基础。如果站立姿势不够标准,其他姿势便根本谈不上优美而典雅。

优美而典雅的站姿是发展人的不同质感动态美的起点,是高雅举止的基础。站立是人们生活、工作及交往中最基本的举止之一。

1)站姿。

(1)正确的站姿:①抬头正首,双目平视前方,嘴唇微闭,面带微笑,自然平和。要站得端正、稳重、亲切、自然。②双肩放松,稍往下压,使人体有向上的感觉。③躯干挺直,身体重心应在两腿的中央,做到挺胸、收腹、立腰,上身正直,头正目平,面带微笑,微收下颌,肩平挺胸,直腰收腹,两臂自然下垂。④双腿直立,保持身体的端正,两腿相靠直立,两脚靠拢,脚尖呈"V"字形。女子两脚可并拢,肌肉略有收缩感。⑤双臂自然下垂于身体两侧或放在身体前后。⑥双腿直立,保持身体的端正。

(2)常用的站姿。

肃立站姿:两脚并拢,两膝绷直并严,挺胸抬头,收腹立腰,双臂自然下垂,下颚微收,双目平视。

体前交叉式站姿:男服务员左脚向左横迈一小步,两脚展开,两脚尖及两脚跟之间的距离相等,两脚之间距离小于肩宽为宜,双手在腹前交叉,右手大拇指与四指分开搭在左手腕部,身体重心放在两脚上,腰背挺直,注意不要挺腹或后仰。女服务员站成右丁字步,即两脚尖稍稍展开,右脚在前,将右脚跟靠于左脚内侧前端,腿绷直并严,腰背立直,两手在腹前交叉,右手握左手的手指部分,使左手四指不外露,左右手大拇指内收在手心。

体后交叉式站姿:两脚跟并拢,两脚尖展开60°。左右腿绷直,腰背直立,两手在身后交叉,右手搭左手腕部,两手心向上。

体后单背式站姿:站成左丁字步,即左脚跟靠于右脚内侧中间位置,使两脚尖展开呈90°,身体重心放在两脚上,左手后背半握拳,右手自然下垂。另外,也可站成右丁字步,即右脚跟靠于左脚内侧中间位置,使两脚尖展开90°,右手后背半握拳,左手自然下垂。

体前单屈臂式站姿:右脚内侧贴于左脚跟处(呈丁字步),两脚尖展开90°,左手臂自然下垂,右臂肘关节屈,右前臂抬至脐区,手心向里,手指自然弯曲。也可以左脚内侧贴于右脚跟处(呈丁字步),两脚尖展开90°,右手臂自然下垂,左臂肘关节屈,左前臂抬至脐区,左手心向里,手指自然弯曲,重心放在两脚上。

(3)站姿的训练:①两人一组,背靠背站立。要求两人的脚跟、小腿、臀部、双肩、后脑勺都贴紧。每次训练坚持15~20min。②靠墙站立。要求脚跟、小腿、臀部、双肩、后脑勺都紧贴着墙。每次训练坚持15~20min。

2)走姿。

(1)正确的走姿:正确的行走,上体的稳定与下肢的频繁规律运动形成和谐对比,干净利落、鲜明均匀的脚步形成节奏感,前后,左右行走动作的平衡对称,都会呈现行走时的形体美。

(2)走姿注意要点:①右脚完全着地,左脚跟抬起一半左右。②身体重心完全移到右脚上,左脚脚跟抬起。③左脚脚尖完全离地,重心往前移。④左脚脚跟着地,然后再回到第一步的姿势。

(3)不同情境下的走姿:①参加喜庆活动,步态应轻盈、欢快、有跳跃感,以反映喜悦的心情。②参加吊唁活动,步态要缓慢、沉重、有忧伤感,以反映悲哀的情绪。③参观展览、探望病人时,不宜出声响,脚步应轻而柔。④进入机关办公区、拜访他人时,在室内一些特殊场所,脚步应轻而稳。⑤走进会场、走向话筒、迎向宾客时,步伐要稳健、大方,充满热情。⑥办事联络,往来于各部门之间,步伐要快捷、稳重,以体现效率和干练。⑦女士的步伐,可以轻盈、飘逸,体现出女子柔情、恬静、娴静、娇巧的阴柔美。

(4)走姿的训练:①双手叉腰,重心前移的练习。②双手自然前后摆动,双脚控制在一条直线上的练习(头上可顶一本书)。

3)表情。

表情是指眼、眉毛、嘴巴、面部肌肉以及它们的综合运用反映出的心理活动和情感信息。表情语言十分丰富。它能生动充分地展现人类的各种情感,如高兴、愉快、喜悦、兴奋、激动、悲伤、忧郁、惶恐、失望、气恼、愤怒、自负、自卑、依恋、爱慕等。同时,表情也能把人们的悲喜交加、爱恨交织、喜忧参半的复杂心态表现得淋漓尽致。

(1)眼神:眼睛是人类面部的感觉器官之一,最能有效地传递信息和表情达意。俗语说,眼睛是心灵的窗户。从一个人的眼睛中可以看到他整个内心世界。与人交谈时,目光应该注视着对方。但应使目光局限于上至对方额头,下至对方衬衣的第二粒纽扣以上,左右以两肩为准的方框中。

(2)眉毛:为了体现良好的形象和修养,在平常交往中,双眉要经常保持在自然平直的状态,不要随便皱眉、挑眉梢,改变眉毛的位置。

(3)嘴巴:嘴巴传情达意的能力仅次于眼睛。不同的嘴部动作,通常表示不同含义。在社交场合谈话时,上下唇应自然开合,尽量少努嘴和撇嘴。站立、静坐或握手时,嘴巴可以微闭,但不要露出牙齿,尽量保持微笑状。

(4)微笑:笑是最美好的形象,是眼、眉、嘴和颜面的动作集合,而微笑是其中最常见、用途最广、效益最大的笑。①微笑的基本做法。微笑时不发声、不露齿,肌肉放松,嘴角两端向上略微提起,面含笑意,使人如沐春风。②微笑的基本要求。微笑要发自内心,发自肺腑,无任何做作之态。只有笑得真诚,才显得亲切自然,与其交往的人才能感到轻松愉快。③微笑的练习。练习时,为使双颊肌肉向上抬,口里可念着普通话的"一"字音。还得训练眼睛的"笑容"。取厚纸一张,遮住眼睛下边部位,对着镜子,回忆过去的美好生活,使笑肌抬升收缩,嘴巴两端做出微笑的口型,随后放松面部肌肉,眼睛随之恢复原形。

(二)静态站姿类职业在岗体能练习方法

1. 消除疲劳

(1)放松休息。

(2)拉伸下肢和躯干疲劳部位的伸肌肉群。在伸展过程中注意调息,将呼吸频率放慢,变深加长,集中精神于调息或被伸展的肌肉群,则有去除杂念,消除紧张和缓解疲劳的效果。

(3)进行擅长或喜欢的体育项目。如:游泳、足球、篮球、排球、网球、乒乓球、韵律操等。

(4)陪家人逛公园、逛街等。

2. 力量练习

（1）俯卧撑。

（2）引体向上。

（3）双杠臂屈伸。

第四节　流动变姿类职业体能教育

一、流动变姿类职业岗位简介

从事兼有伏案、站立特征的综合类型职业者，如贸易、营销类、导游、记者等，该类人员工作以坐、站、行走、乘车等相交替的姿势进行，兼顾静止动态劳动，是综合类工作岗位。

二、流动变姿类职业岗位特征

流动变姿类职业人员既有坐姿类，又有站姿类职业岗位特点，更重要的是其具有移动特性和超负荷的心理压力。

这类人员工作时静力性工作与动力性工作交替进行，且没有一定的规律。但是他们都有规定的指标，为了完成和超额完成指标，其心理负荷是相当重的，可以说身心疲惫。

三、流动变姿类职业体能训练方法

（一）流动变姿类岗前职业体能储备方法

流动变姿类岗前职业体能储备和静态坐姿类职业体能储备方法一样，是综合性职业体能。因此流动变姿类岗前职业体能储备方法和静态坐姿类相同。

（二）流动变姿类在岗职业体能练习方法

流动变姿类职业人员工作以坐、站、行走、乘车等相交替的姿势进行，并且活动强度和活动量相当大，心理压力也非常大。因此，流动变姿类在岗职业体能练习，要注重消除疲劳和舒缓心理压力方面以及上肢力量练习。

1. 消除疲劳

（1）放松休息。

（2）拉伸疲劳部位的肌肉群。在伸展过程中注意调息，将呼吸频率放慢，变深加长，集中精神于调息或被伸展的肌肉群，达到去除杂念、消除紧张和缓解疲劳的效果。

（3）进行擅长或喜欢的体育项目。如：游泳、足球、篮球、排球、网球、乒乓球、韵律操等。

（4）陪家人逛公园、逛街等。

2. 舒缓心理压力

（1）放松休闲听音乐：或三五好友，悠闲地谈天说地；或一人独饮，分外舒适。既让人品尝到高品质的咖啡与茶的文化，又满足了人的视觉、听觉、嗅觉，让人在现代而又有些古典的浪漫气息中度过悠长的时光。

（2）有氧运动（韵律操、瑜伽、热舞、太极拳等）：有氧运动能使人体产生一种名为内啡肽的激素，这种激素能愉悦神经，调节心理，让人感觉到高兴和满足，使压力和不愉快化作烟云。

（3）泡吧：刚开始有陶吧、布吧，现在有印染吧、玻璃吧，还有把整个小型啤酒厂搬进酒吧，让顾客亲自参与并享受每一杯鲜酿啤酒的制造过程的啤酒吧。

(4)剑道、跆拳道、拳击:可以像勇士一样尽情发泄自己的不满。
(5)寻找刺激:攀岩、蹦极、登山探险等,玩的就是心跳。
(6)上网:足不出户也可以一览天下事。
(7)旅游:换一个环境,贴近大自然,远离喧嚣的城市,舒展身心。

3. 力量练习

力量练习同静态站姿类职业在岗体能练习方法。

第五节　工场操作类职业体能教育

一、工场操作类职业岗位简介

工场操作类职业岗位职工在高温、高湿、高寒、辐射和噪声等恶劣环境下工作,且工业自动化程度相对较低,仍以手工操作为主,体力劳动需求仍然较大,且存在不良姿势,过度用力和振动等诸多职业性疾患危险因素。不但需要良好的心肺功能,同时对身体各部位的协调性和灵活性要求也较高。

二、工场操作类职业身体生理和心理负荷特点

工场操作类职业人员时而是静立性工作,时而是动力性工作,而且静立性工作与动力性工作交替进行,因为这类工种工作姿势的变化没有一定规律。工场操作类职业工种繁多,因此要针对不同的工种进行区别分析。

(一)心肺功能

在现场作业,要求心脏功能能随工作强度的改变而适当的调整,以满足机体的需要。对建筑工地现场的技术员心肺功能调研发现,有些员工在烈日下工作,由于心肺功能不能适应而昏厥,所以对室外工地工作的人员应加强心肺功能的训练。

(二)肌肉耐力

肌肉耐力是肌肉长时间维持工作的能力。肌肉耐力不好,将导致肌肉血液供给不足,肌肉代谢废物不能及时排除,引起局部肌肉疲劳,工作效率降低,甚至出现工伤事故。

三、工场操作类职业体能训练方法

(一)工场操作类岗前职业体能储备方法

工场操作类岗前职业体能储备和静态坐姿类职业体能储备方法一样,是综合性职业体能。因此工场操作类岗前职业体能储备方法和静态坐姿类基本相同。

(二)工场操作类在岗职业体能练习方法

流动变姿类职业人员工作体力劳动需求仍然较大。因此,工场操作类人员在岗职业体能练习,要注重消除疲劳。

(1)放松休闲,听音乐、上网等。
(2)拉伸疲劳部位的肌肉群。在伸展过程中注意调息,将呼吸频率放慢,变深加长,集中精神于调息或被伸展的肌肉群,有去除杂念,消除紧张和缓解疲劳的效果。
(3)进行擅长或喜欢的体育项目。如:游泳、足球、篮球、排球、网球、乒乓球、韵律操等。
(4)陪家人逛公园、逛街等。

第九章 中华传统养生保健法

第一节 八段锦

一、八段锦的作用

练习八段锦具有以下几方面作用。

1. 消除疲劳

八段锦第一式"两手托天理三焦",从动作上看是四肢和躯干的伸展运动,和伸懒腰很相似,可以加强四肢和躯干的伸展活动,影响胸腹腔血流的再分配,有利于肺部的扩张,使呼吸加深,吸进更多的氧气,对消除疲劳有一定的作用。

2. 矫正肩背

八段锦的"两手托天理三焦"动作是全身的伸展活动,又伴随深呼吸,可以调理内脏各部,对腰背肌肉骨骼有良好的作用,有助于矫正肩内收和圆背等不良姿势,所以经常伏案学习和工作的年轻人也可以练一练八段锦。

3. 加强身体血液循环

八段锦第二式"左右开弓似射雕",这一动作的重点在胸部,用中医术语来说就是重点在上焦。这节动作影响所及,包括两手,两臂和胸腔内的心肺,通过扩胸伸臂可以增强胸肋部和肩臂部肌肉,加强身体血液循环,有助于进一步纠正姿势不正确所造成的病态。

4. 调理脾胃、防治肠胃病

八段锦第三式"调理脾胃须单举",这段动作是一手上举,一手下按,上下用力对拉,使两侧内脏器官和肌肉进一步受到牵引,特别是使肝、胆、脾、胃受到牵拉,使胃肠蠕动和消化功能得到增强,久练有助于防治胃肠病。

5. 增强头部血液循环

八段锦第四式"五劳七伤往后瞧",这段动作是头部反复向左、向右转动,眼球尽量往后看,显然是一种头部运动。头部运动对活跃头部血液循环、增强颈部肌肉活动有较明显的作用,有助于预防和治疗颈椎病,保持颈部肌肉正常的运动功能,改善高血压和动脉硬化患者的平衡功能,减少眩晕感觉。而且对消除大脑和中枢神经系统的疲劳和一些生理功能障碍等也有促进作用。

6. 增强体质

八段锦第五式"摇头摆尾去心火",这段动作是全身性动作,对整个身体都有良好作用。摇头摆尾,旋转身体,可放松精神,提高全身各器官、各系统的功能,能够增强体质。

7. 锻炼腰肌

八段锦第六式"两手攀足固肾腰",这段动作既有前俯,又有后仰,可充分伸展腰背肌肉,同时两臂也尽量向下伸展,坚持练两手攀足可使腰肌延伸而受到锻炼,使腰部各组织、各器官,特别是肾脏、肾上腺等得到增强,既有助于防治常见的腰肌劳损等病,又能增强全身功能。

8. 增强眼肌、防治近视

八段锦中的第四式"五劳七伤往后瞧"和第七式"攒拳怒目增气力",分别有加大眼球活动范围和瞪眼怒目的动作,可增强眼肌,防治近视。

9. 疏通经络

八段锦第八式"背后七颠百病消",这段动作简单,颠足而立,拔伸脊柱,下落振身,可以放松身体、疏通经络、按摩五脏六腑,十分舒服。

二、动作说明

1. 拳

大拇指抵掐无名指根节内侧,其余四指屈拢收于掌心即握固。

2. 掌

掌一:五指微屈,稍分开,掌心微含。

掌二:大拇指与食指竖直分开成八字状,其余三指第一、二指节屈收,掌心微含。

3. 爪

五指并拢,大拇指第一指节,其余四指第一、二指节屈收扣紧,手腕伸直。

4. 马步

开步站立,两脚间距为本人脚长的2~3倍,屈膝半蹲,大腿略高于水平。

三、动作图解

(一)预备势

(1)两脚并步站立,两臂自然垂于体侧,身体中正,目视前方。

(2)随着松腰沉髋,身体重心移至右腿;左脚向左侧开步,脚尖朝前,约与肩同宽;目视前方。

(3)两臂内旋,两掌分别向两侧摆起,约与腕同高,掌心向后,目视前方。

(4)上动不停。两腿膝关节稍屈,同时,两臂外旋,向前合抱于腹前呈圆弧形,与脐高,掌心向内,两掌指间距约10cm,目视前方。

(二)第一式

第一式为两手托天理三焦(见图9-1)。

(1)接上式。两臂外旋微下落,两掌五指分开在腹前交叉,掌心向上,目视前方。

(2)上动不停。两腿徐缓挺膝伸直,同时,两掌上托至胸前,随之两臂内旋向上托起,掌心向上,抬头,目视两掌。

（3）上动不停。两臂继续上托，肘关节伸直，同时，下颌内收，动作略停，目视前方。

（4）身体重心缓缓下降，两腿膝关节微屈，同时，十指慢慢分开，两臂分别向身体两侧下落，两掌捧于腹前，掌心向上，目视前方。

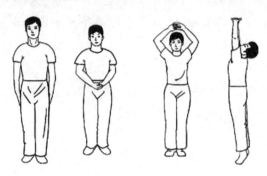

图9-1　两手托天理三焦

（三）第二式

第二式为左右开弓似射雕（见图9-2）。

（1）接上式。身体重心右移，左脚向左侧开步站立，两腿膝关节自然伸直，同时，两掌向上交叉于胸前，左掌在外，两掌心向内，目视前方。

（2）上动不停。两腿徐缓屈膝半蹲成马步，同时，右掌屈指成"爪"，向右拉至肩前，左掌成八字掌，左臂内旋，向左侧推出，与肩同高，坐腕，掌心向左，犹如拉弓射箭之势，动作略停，目视左掌方向。

（3）身体重心右移，同时，右手五指伸开成掌，向上、向右划弧，与肩同高，指尖朝上，掌心斜向前，左手指伸开成掌，掌心斜向后，目视右掌。

（4）上体不停。重心继续右移，左脚回收成并步站立，同时，两掌分别由两侧下落，捧于腹前，指尖相对，掌心向上，目视前方。

动作（5）~（8）同动作（1）~（4），唯左右相反。本式一左一右为一遍，共做3遍。第3遍最后动作（1）时，身体重心继续左移，右脚回收成开步站立，与肩同宽，膝关节微屈，同时，两掌分别由两侧下落，捧于腹前，指尖相对，掌心向上，目视前方。

图9-2　左右开弓似射雕

（四）第三式

第三式为调理脾胃须单举（见图9-3）。

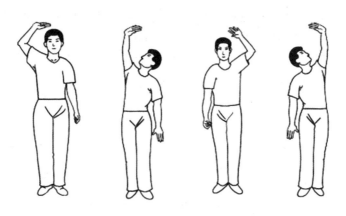

图9-3 调理脾胃须单举

(1) 接上式。两腿徐缓挺膝伸直,同时,左掌上托,左臂外旋,经面前上穿,随之臂内旋上举至头左上方,肘关节微屈,力达掌根,掌心向上,掌指向右,同时,右掌微上托,随之臂内旋下按至右髋旁,肘关节微屈,力达掌根,掌心向下,掌指向前,动作略停,目视前方。

(2) 松腰沉髋,身体重心缓缓下降,两腿膝关节微屈,同时,左臂屈肘外旋,左掌经面前下落于腹前,掌心向上,右臂外旋,右掌向上捧于腹前,两掌指尖相对,相距约10cm,掌心向上,目视前方。

动作(3)和动作(4)同动作(1)和动作(2),唯左右相反。本式一左一右为一遍,共做3遍。第3遍最后一动时,两腿膝关节微屈,同时,右臂屈肘,右掌下按于右髋旁,掌心向下,掌指向前,目视前方。

(五) 第四式

第四式为五劳七伤往后瞧(见图9-4)。

(1) 接上式。两腿徐缓挺膝伸直,同时,两臂伸直,掌心向后,指尖向下,目视前方。两臂充分外旋,掌心向外,头向左后转,动作略停,目视左斜后方。

(2) 松腰沉髋,身体重心缓缓下降,两腿膝关节微屈,同时,两臂内旋按于髋旁,掌心向下,指尖向前,目视前方。

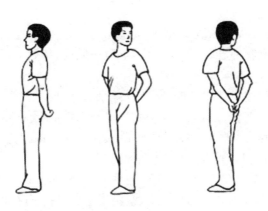

图9-4 五劳七伤往后瞧

动作(3)同动作(1),唯左右相反。动作(4)同动作(2)。本式一左一右为一遍,共做3遍。第3遍最后一动时,两腿膝关节微屈,同时,两掌捧于腹前,指尖相对,掌心向上,目视前方。

(六) 第五式

第五式为摇头摆尾去心火(见图9-5)。

(1)接上式。身体重心左移,右脚向右开步站立,两腿膝关节自然伸直,同时,两掌上托与胸同高时,两臂内旋,两掌继续上托至头上方,肘关节微屈,掌心向上,指尖相对目视前方。

(2)上动不停。两腿徐缓屈膝半蹲成马步,同时,两臂向两侧下落,两掌扶于膝关节上方,肘关节微屈,小指侧向前,目视前方。

(3)身体重心向上稍升起,而后右移,上体先向右倾,随之俯身,目视右脚。

(4)上动不停。身体重心左移,同时,上体由右向前、向左旋转,目视右脚。

(5)身体重心右移,成马步,同时,头向后摇,上体立起,随之下颌微收,目视前方。

动作(5)~(8)同动作(3)~(4),唯左右相反,本式一左一右为一遍,共做3遍。做完3遍后,身体重心向左移,右脚回收成开步站立,与肩同宽;同时,两掌向外经两侧上举,掌心相对,目视前方,随后松腰沉髋,身体重心缓缓下降,两腿膝关节微屈,同时屈肘,两掌经面前下按至腹前,掌心向下,指尖相对,目视前方。

图9-5 摇头摆尾去心火

(七) 第六式

第六式为两手攀足固肾腰(见图9-6)。

(1)接上式。两腿挺膝伸直站立,同时,两掌指尖向前,两臂向前、向上举起,肘关节伸直,掌心向前,目视前方。

(2)两臂外旋至掌心相对,屈肘,两掌下按于胸前,掌心向下,指尖相对,目视前方。

(3)上动不停。两臂外旋,两掌心向上,随之两掌掌指顺腋下向后插,目视前方。

(4)两掌心向内沿脊柱两侧向下摩运至臀部,随之上体前俯,两掌继续沿腿后向下摩运,经脚两侧置于脚面,抬头,动作略停,目视前下方。

本式一上一下为一遍,共做6遍。做完6遍后,上体立起,同时,两臂向前、向上举起,肘关节伸直,掌心向前,目视前方。随后松腰沉髋,身体重心缓缓下降,两腿膝关节微屈,同时,两掌向前下按至腹前,掌心向下,指尖向前,目视前方。

图9-6 两手攀足固肾腰

(八)第七式

第七式为攒拳怒目增气力(见图9-7)。

(1)接上式,身体重心右移,左脚向左开步,两腿徐缓屈膝半蹲成马步,同时,两掌握固,抱于腰侧,拳眼朝上,目视前方。

(2)左拳缓慢用力向前冲出,与肩同高,拳眼朝上,瞪目,视左拳冲出方向。

(3)左臂内旋,左拳变掌,虎口朝下,目视左掌。左臂外旋,肘关节微屈,同时,左掌向左缠绕,变掌心向上后握固,目视左拳屈肘,回收左拳至腰侧,拳眼朝上,目视前方。

图9-7 攒拳怒目增气力

动作(4)~(6)同动作(1)~(3),唯左右相反,本式一左一右为一遍,共做3遍。做完3遍后,身体重心右移,左脚回收成并步站立,同时,两拳变掌,自然垂于体侧,目视前方。

(九)第八式

第八式为背后七颠百病消(见图9-8)。

(1)接上式。两脚跟提起,头上顶,动作略停,目视前方。

(2)两脚跟下落,轻震地面,目视前方。

本式一起一落为一遍,共做7遍。

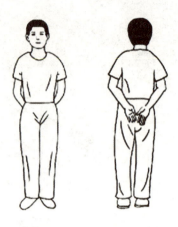

图9-8 背后七颠百病消

(十)收势

(1)接上式。两臂内旋,向两侧摆起,与腰同高,掌心向后,目视前方。

(2)两臂屈肘,两掌相叠置于丹田处(男性左手在内,女性右手在内),目视前方。

(3)两臂自然下落,两掌轻贴于腿外侧,目视前方。

动作要领:体态安详,周身放松,呼吸自然,气沉丹田。

易犯错误:收功随意,动作结束后或心浮气躁,或急于走动。

纠正方法:①收功时要心平气和,举止稳重。收功后可适当做一些整理活动,如搓手浴面和肢体放松等。②气息归元,放松肢体肌肉,愉悦心情,进一步巩固练功效果,逐渐恢复到练功前安静时的状态。

第二节 五禽戏

五禽戏是由东汉末年名医华佗在天道自然观的影响下,运用阴阳、五行及气血等相关的传统医学理论,以健身防病为目的,运动脏腑和脊柱为原则创编而成,又称华佗五禽戏,属于古代传统导引养生术之一。五禽戏由5种动作组成,分别是虎戏、鹿戏、熊戏、猿戏和鸟戏,每种动作分别模仿了相应的动物动作,是一种外动内静、动中求静、动静具备、有刚有柔、刚柔相济、内外兼练的仿生学功法。它开辟了后世导引术套路式的先河,在我国乃至世界的传统养生保健史上具有重要的意义。

五禽戏从创编至今已有1700多年历史,是我国历史上流传最为久远的导引养生操,是一种模仿五种动物动作和神态的功法。华佗编创五禽戏的有关记载最早见于西晋陈寿所著的《三国志·华佗传》:"吾有一术,名五禽之戏,一曰虎,二曰鹿,三曰熊,四曰猿,五曰鸟。亦以除疾,并利(蹄)足,以当导引。"南北朝时范晔在《后汉书·华佗传》中的记载与此基本相同。

一、五禽戏的作用

(一)防治心脑血管疾病改善血液循环

经常习练五禽戏对防治心脑血管疾病改善血液循环有一定的效果。习练五禽戏时整个身体为意识下的运动,通过调节气息节奏,能够促进周身血液循环,改善机体的供氧功能,增强心脏收缩扩张力,促进微循环和大循环、小循环的供血功能。相关的研究已表明,常习练五禽戏能够起到良好的调节血脂异常作用,并可降低高甘油三酯血症患者细胞黏附分子水平。如猿戏主心,猿提时手臂夹于胸前,收腋,上肢的内侧为心经循行部位,通过练习猿提动作可以使心经血脉通畅;猿摘时对心经循行部位也有较好的锻炼作用,加之上肢大幅度的运动,可以对胸廓起到按摩作用,对心脏泵血功能起到积极的作用。心主血脉,常练猿戏,可以改善心慌、心悸、失眠等症状。

(二)有效改善人体的机体免疫功能

习练五禽戏时,运用前俯、后仰、侧屈、拧转等不同方式的运动,牵拉上肢、下肢各关节韧带和肌肉。在不同意境下的心理调节转换,通过多种方式控制气息,调畅气机,使全身形、气、神集于一体,协调、健康地发展,能够有效改善人体的免疫功能。

(三)改善人体肌肉骨骼系统的影响

研究表明,进行五禽戏锻炼后既能提高骨骼的机械应力效应,加强骨骼的血液循环,促进骨代谢,又可使肌肉力量增大,肌肉收缩所产生的应力可以有效地防止骨量的丢失,从而增强骨密度,并且长期进行华佗五禽戏锻炼能够有效地提高人体的骨密度水平。"虎举"一式,手形富有变化,撑掌、屈指、拧拳,两手掌举起的同时吸入气体,两手掌按下之时呼出气体,如此反复循环能达到疏通、调理人体各脏腑功能的效果。

二、五禽戏动作要领

(一)凝气调息

(1)身体自然站立,两臂下垂,置于身体两侧,双脚并拢,目视前方,均匀呼吸,舌顶上腭,头顶百会穴,意守关元穴,全身放松,以助于任、督二脉气血运行。

(2)身体重心稍向右移,左脚向身体左侧横跨半步,双脚与肩同宽,双膝微屈,采用腹式呼吸,调吸数次,静静站立。

(3)双手从身体两侧向前缓缓抬起,手臂自然伸直,掌心向上,意守捧气上行,当手臂约与胸同高时,双肘屈曲,掌心向身体内收,双肘自然下垂、向外扩,同时双掌缓慢向内翻转,并慢慢下按于腹前。呼吸运动与手臂的起落相随,吸气时,手臂上抬,意守捧入自然清气;呼气时,屈肘下按,意守呼出体内浊气。

(4)重复此动作3~5次,双手自然垂于身体两侧,目视前方,均匀呼吸,调息结束。

(二)虎戏

1. 虎举(左势动作)

(1)站立位,两脚分开,与肩同宽,全身放松;头微微低下,同时双手掌心向下撑,十指张开,变成虎爪状,并且目视左掌。

(2)手指以小指为先,其余四指依次弯曲握拳,攥紧拳头,然后手肘屈曲,双手拳心相对沿着身体前缓缓上提。

(3)待双拳移至平肩高时,手掌放松,打开十指,保持匀速上举至头上方,缓缓仰头,眼随手走;当手掌上升至极点后,手指再次弯曲变成虎爪,掌心向上,配合呼吸吐纳,上举时吸气。双掌上举时,要有伸经拔骨之感,身体保持垂直,犹如托起重物一般,目视双爪。

（4）虎爪以小指为先，其余四指依次弯曲握拳，攥紧拳头，拳心相对，然后屈肘缓缓用力下拉，目视双拳移动，至肩前高度，松拳为掌，配合呼吸吐纳方法，下落时呼气。

（5）双肘外展，掌心向下，沿着身体前缓缓下按至腹前并置于身体两侧，目视前方，全身放松。

右势动作同左势，但为反向。本式动作左右连贯、交替重复2遍后，双手自然下垂于体侧，目视前方。

2. 虎扑（左势动作）

（1）站立位，两脚分开，与肩同宽，全身放松；双手握空拳，微屈膝下蹲，随着向前顶膝、顶髋、顶腹，身体逐步向后呈弓形；空拳则随身体运动而沿着身体两侧上提至肩膀的前上方。

（2）身体缓缓弯腰前伸与双腿呈90°，双拳从肩前上方向上、向前扑出，同时由握空拳时十指弯曲的状态转换为虎爪状，掌心向下，挺胸塌腰，头略抬，目视前方。

（3）双腿微屈曲、下蹲，身体重心在两脚中间，同时收腹含胸，双手呈虎抓拉回下按至身体两侧，掌心向下，目视前方。

（4）手形由虎抓变成空拳，身体随着向前顶膝、顶髋、顶腹，逐步向后呈弓形，空拳则随身体运动而沿着身体两侧上抬，拳心向前上方，掌心向下，目视前方。

（5）右腿站立，左腿屈膝提起，脚面内扣放松，同时双手由空拳变成虎爪并上举伸展，左脚往前迈出一步落下，脚跟着地，右腿呈微屈膝下蹲，呈左虚步，同时上体前倾，双虎爪迅速向前、向下按至膝前两侧，两臂撑圆，掌心向下，双目圆睁，目视前方，如虎扑食状。

（6）以上动作稍停顿，然后上半身抬起，左脚收回，双脚开步同肩宽站立，双手随之收回，自然垂于身体两侧，目视前方。

右势动作同左势，但为反向。本式动作左右连贯、交替重复2遍后，双手自然下垂于体侧，目视前方。

整套虎戏动作练习完毕后，双掌向身体两侧斜向前45°缓缓托起，掌心向上。当与肩同高时，双臂屈肘，双掌内合、下按，自然下垂于体侧，目视前方。呼吸配合，托掌时吸气，内合、下按时呼气，全身放松。

（三）鹿戏

1. 鹿抵（左势动作）

（1）站立位，两脚分开，与肩同宽，全身放松；双腿微屈曲，身体重心落至右腿，呈左丁步站立；双手握空拳，手臂向右侧摆起，右臂微屈，左臂屈曲，左拳面对着右前臂，至约与肩平，拳心向下，眼随手动，目视右拳。

（2）左脚向左前方迈一步，脚跟着地，重心向前移，左脚逐渐踩实，左腿屈膝，左脚尖外撇，路实，右腿随之置直，呈左弓步；身体向左尽量扭转，同时双空心拳转变成鹿角，向左上划弧，掌心向外，鹿角指尖朝后，左臂屈肘，前臂外展平伸，肘部抵靠左侧腰部；右臂上撑举至头前，头向后转目视右脚跟。

（3）以上动作稍停顿，身体向右转，同时双手向上、向右下划弧，落下时双鹿角转为握空拳下落于体前，左脚收回，开步站立，目视前方。

右势动作同左势，但为反向。本式动作左右连贯、交替重复2遍后，双手自然下垂于体侧，目视前方。

2. 鹿奔(左势动作)

(1)站立位,两脚分开,与肩同宽,全身放松;左脚向左前方迈出一步,重心随屈膝前移,右腿随之蹬直,转换成左弓步;同时双手握空拳,随着向前迈步而上提,并随重心前移而向前推出约与肩平,与肩同宽,拳心朝下,稍做停顿后突然屈腕如鹿蹄奔腾,目视前方。

(2)身体重心向后移,左膝伸直,全脚着地,同时右腿屈膝,低头,收腹,弓背,双臂随之内旋,两掌背相对、前伸,同时拳转为鹿角。

(3)身体重心前移,上身挺起,右腿伸直,左腿屈曲,呈左弓步,松肩沉肘,双臂外旋,鹿角转为空拳,拳心向下,目视前方。

(4)左脚内扣收回,双脚呈开立步,双拳变掌,落于体侧,目视前方。

右势动作同左势,但为反向。本式动作左右连贯、交替重复2遍后,双手自然下垂于体侧,目视前方。

整套鹿戏动作练习完毕后,双掌向身体两侧斜向前45°缓缓托起,掌心向上;当与肩同高时,双臂屈肘,双掌内合、下按,自然下垂于体侧,目视前方;呼吸配合,托掌时吸气,内合、下按时呼气,全身放松。

(四)熊戏

1. 熊运(左势动作)

(1)站立位,两脚分开,与肩同宽,全身放松;双手握空拳为熊掌,拳眼相对,屈肘下垂,贴于下腹前约关元穴部位,目视双拳。

(2)含胸松腰,以腰部、腹部为轴,上半身向左侧倾斜,按逆时针方向做摇晃,双拳随着上身摇晃经左下腹部、左肋部、上腹部、右肋部、右下腹部画圈,双眼随着身体的摇晃而环视。

(3)双手握空拳为熊掌,拳眼相对,屈肘下垂,贴于下腹前约关元穴部位,目视双拳。

右势动作同左势,但为反向。本式动作左右连贯、交替重复2遍后,双手自然下垂于体侧,目视前方。

2. 熊晃(左势动作)

(1)站立位,两脚分开,与肩同宽,全身放松;双掌变为熊掌模样,身体重心右移至右脚,左髋随之上提,带动左脚离地,同时左脚屈膝抬起,目视前方。

(2)身体重心向左前移,左脚向左前方迈步,身体放松向下落步,全脚掌同时踏实,脚尖朝前,右腿随之蹬直呈弓步;身体向右转,重心前移,肘关节屈曲撑圆,左臂内旋、前靠,左拳摆至左膝前上方,拳心朝左,右拳摆至身体后,拳心朝后,头稍稍抬起,目视左前方。

(3)身体向左转,重心后移后坐,右腿屈膝,左腿稍伸直,拧腰晃肩,带动双臂前后划弧形摆动;右拳摆至身体前上方,拳心向下,左拳摆至身体后,拳心朝后,目视左前方。

(4)身体再右转,重心前移,左腿屈膝,右腿伸直,肘关节屈曲撑圆,左臂内旋、靠前;左拳摆至左膝前上方,拳心朝左,右拳摆至身体后,拳心朝后,目视左前方。

右势动作同左势,但为反向。本式动作左右连贯、交替重复2遍后,双手自然下垂于体侧,目视前方。

整套熊戏动作练习完毕后,双掌向身体两侧斜向前45°缓缓托起,掌心向上;当与肩同高时,双臂屈肘,双掌内合、下按,自然下垂于体侧,目视前方;呼吸配合,托掌时吸气,内合、下按时呼气,全身放松。

(五)猿戏

1. 猿提(左势动作)

(1)站立位,两脚分开,与肩同宽,全身放松;双手从身体两侧移至体前,五指分开外拨,然后迅速曲腕、捏拢为猿钩。

(2)两前臂随屈肘带动两"猿钩"在体前上提至胸,同时双肩耸起、收腹、提肛、缩脖,同时两脚跟提起,呈提踵态;然后头向左缓慢转动,目视身体左侧;配合呼吸,上提时吸气,转头时自然呼吸。练习过程中耸肩、收腹、提肛、缩脖、提踵等动作一气呵成,舒适到位。

(3)头由左侧转正,脖子自然上伸,双肩放松下沉,送腹落肛,脚跟缓慢着地,两猿钩化掌下按,掌心向下,收于体侧,同时目视前方;配合呼吸,转头时自然呼吸,下按时呼气。

右势动作同左势,但为反向。本式动作左右连贯、交替重复2遍后,双手自然下垂于体侧,目视前方。

2. 猿摘(左势动作)

(1)站立位,两脚分开,与肩同宽,全身放松;左脚向左后方退一步转为右弓步,右掌向右前方摆起,掌心向下,左掌变猿钩收放至左腰侧面,目视右掌。

(2)身体重心后移,重心落于左脚并踏实,屈曲下蹲,右脚收回到左脚内侧,前脚掌着地,化为右丁步;同时右掌向下由腹前向左上方画弧至头部左侧,掌心向内,眼随手走,头先随右掌移动转向左侧,再快速转头注视右前上方,犹如灵猴发现了右边树梢上的仙桃。

(3)右前臂内旋带动右掌,掌心向下,沿着身体左侧下按至左髋部,目视右掌;右脚向右前方迈出一大步,身体重心向前移,右腿绷直向上,左腿随之蹬直,抬起左脚脚跟,脚尖点地;同时随身体向右侧转动,右掌自右下方画弧展开,左猿钩变掌向前上方画弧伸举、展开,并迅速屈腕、捏钩呈采摘状,灵动自然;右掌则由右下方迅速屈腕、捏钩,掌心向下,稍低于左侧猿钩,头略微向上抬,目视左手。

(4)左手猿钩变掌,将拇指屈曲于掌心后微握拳,右手变掌,随身体重心下落、后移而自然收回;重心后移收回时,左腿屈曲下蹲,右脚收回至左脚内侧,前脚掌着地,化为右丁步,同时左臂屈肘随身体左转收回至头侧方,由拳变掌,掌心向上,掌指自然分开指向后方;右掌掌心朝前,随身体左转而向左前画弧收至左肘部,掌心向上托起,目视左掌,犹如托起桃子一般。

右势动作同左势,但为反向。本式动作左右连贯、交替重复2遍后,左脚向体侧横开一步,与肩同宽,双腿直立,同时双手自然收回下落于体侧,目视前方。

整套猿戏动作练习完毕后,双掌向身体两侧斜向前45°缓缓托起,掌心向上;当与肩同高时,双臂屈肘,双掌内合、下按,自然下垂于体侧,目视前方;呼吸配合,托掌时吸气,内合、下按时呼气,全身放松。

(六)鸟戏

1. 鸟伸(左势动作)

(1)站立位,两脚分开,与肩同宽,全身放松;双腿微微下蹲,重心下落,双掌置于腹前并相叠,指尖向前,相叠后左手、右手的位置随个人习惯而定。

(2)交叠的双掌向上举至头部前方,手臂自然伸直,掌心向下,手指朝前,双掌上举时吸气,同时身体随之缓缓站立微向前倾,提肩,塌腰,挺腹,目视前方。

(3)双腿弯曲下蹲,重心下落,同时交叠的双掌缓慢下按至腹前,双掌下按时呼气,目视双掌。

(4)身体重心右移,右腿向上蹬直,左腿向后上方伸直并抬,回时交叠的双掌左右分开,掌变为鸟翅,并向身体两侧后方自然地摆起、展开,掌心向上,伸颈,抬头,塌腰,挺胸,目视前方。

(5)左脚自然回落,与肩同宽,双腿微微下蹲,重心下落,双鸟翅变掌,置于腹前并相叠,指尖向前,目视双掌,相叠后左手、右手的位置随个人习惯而定。

右势动作同左势,但为反向。本式动作左右连贯、交替重复2遍后,双手自然下垂于体侧,目视前方。

2.鸟飞(左势动作)

(1)站立位,两脚分开,与肩同宽,全身放松;身体重心微微下落,双膝屈曲,双掌呈鸟翅状收于腹前,掌心相对,目视双掌。

(2)右腿蹬直伸直并独立站立,左腿屈膝抬起,小腿自然下垂,左脚尖稍绷直内扣,与此同时双臂双翅呈展翅状,由腹前沿体侧向上举起,掌心向下,约与肩同高,肩膀放松柔软,上举动作舒适缓慢,与呼吸配合,上举时吸气,目视前方。

(3)左脚下落,脚尖点地,合于右脚旁,同时双膝屈曲,双掌回落合于腹前,掌心相对,与呼吸配合,下落时呼气,目视双掌。

(4)右腿蹬直伸直并独立站立,左腿屈膝抬起,小腿自然下垂,左脚尖稍绷直内扣,与此同时双臂双翅呈展翅状,由腹前沿体侧向上举至头顶上方,掌背相对,指尖向上,与呼吸配合,上举时吸气,目视前方。

(5)左脚下落于右脚旁,全脚着地并且双腿微屈曲,双掌为鸟翅回落于腹前,掌心相对,与呼吸配合,下落时呼气,目视双掌。

右势动作同左势,但为反向。本式动作左右连贯、交替重复2遍后,呈站立位,两脚分开,与肩同宽,全身放松,双手自然下垂于体侧,目视前方。

整套鸟戏动作练习完毕后,双掌向身体两侧斜向前45°缓缓托起,掌心向上;当与肩同高时,双臂屈肘,双掌内合、下按,自然下垂于体侧,目视前方;呼吸配合,托掌时吸气,内合、下按时呼气,全身放松。

(七)引气归元

(1)身体自然站立,两臂自然下垂,放于身体两侧,双脚并拢,头顶百会穴,意守关元穴,舌顶上腭,以助于任、督二脉气血运行;双掌掌心向上,合于腹前,由腹前上举至头前上方,配合呼吸吐纳,上举时吸气,目视前上方。

(2)掌心向下,经由胸至腹前下按,配合呼吸吐纳,下按时呼气,目视前方。

(3)双手在腹前合拢、交叠,闭目养神,呼吸均匀,意守丹田。

(4)数分钟后,双手在胸前摩擦至双掌温热,随后双掌在面部、耳后、颈部上下摩擦,似洗脸状,3~5遍。

(5)双掌垂于体侧,恢复至预备式,目视前方。

第三节 易筋经

易,改变的意思;筋,泛指肌肉,筋骨;经,为方法。所以,易筋经是一种改变肌肉、筋骨质量的特殊锻炼方法。它除练肌肉、筋骨外,同时也练气和意,是一种意念、呼吸、动作紧密结合的功法。在练功时要注意松静结合,刚柔相济,身体自然放松,动随意行,意随气行,不要紧张、僵硬。易筋经的动作性质与八段锦颇为相似,但用力的程度和动作的难度超过八段锦,且运动时强调心静、神敛、调息,要求内外结合,动静结合。下面介绍一套易筋经的锻炼方法:具体操练方法如下。

1. 两手当胸

本节为起势,两腿开立,两脚距离同肩宽,两手自然下垂,腰背正直,两眼凝视前方,全神贯注。在基本做到调身、调心、调息后,两臂缓缓抬起至前平举位,掌心向下,手臂保持伸直。再翻掌,掌心向内,两肘内屈,使手缓缓向胸前收拢,停于胸前约一拳处,两手指尖相对,掌心向胸,作拱手状(见图9-9)。

2. 两臂横担

接上节姿势,以足趾抓地,同时两手翻掌,掌心向下,足跟微微提起,脚尖点地,同时两手左右分开,两臂成侧平举,掌心向下(见图9-10)。

3. 两手托天

接上一姿势,两手从左右两方缓缓上举,臂伸直,掌心向上,手指朝里,呈托天状,同时两脚跟再稍抬起,足尖着地,牙关咬紧,舌抵上腭,呼吸细长,意识集中在两手,然后两手握拳,两臂顺原来路线缓缓用力降下至侧平举位,同时脚跟放下(见图9-11)。

图9-9 两手当胸　　　　图9-10 两臂横担　　　　图9-11 两手托天

4. 摘星换斗

两脚开立,两臂侧平举,右手缓缓上举伸直,覆掌,五指并紧,指尖向内。抬头向右上方望右手掌心,左手同时放下,并反手以手背贴于腰部,在此姿势下坚持片刻,做3~5次呼吸。再左手上举伸直,覆掌,五指并紧,指尖向内,抬头向左上方望左手掌心,右手同时用力放下,并反手以手背贴于腰部,在此姿势下做3~5次呼吸(见图9-12)。

5. 倒拉牛尾

接上一姿势,右手从腰部撤回,并顺势向前方翻腕展臂,至手与肩平、肘微弯曲,五指撮拢如梅花状,握空拳,指尖向里,同时右腿跨前弯曲,左腿伸直,成弓箭步,左手也同时放下,顺势向左后方伸出,五指撮拢,握空拳,拳心向上,然后吸气,意念集中在右手,右手向后成倒拉牛尾状再呼气,意念集中在左手,左手向前顺势成牵牛状,换左弓右箭步,左手反抄向左前方,右手收回伸向右后方;吸气,意念集中在左手;呼气,意念集中在右手(见图9-13)。

图9-12　摘星换斗　　　　　图9-13　倒拉牛尾

6. 出掌展臂

接上节姿势,右脚踏前与左脚并拢,两手收回放在胸前成以下预备姿势。立正,两臂胸旁屈肘,手指张开,掌心向外。首先两手成"排山掌"(掌指直立与腕成90°角,掌心向前),缓缓向前推出,劲力逐渐加大,至两臂充分伸直为止,同时全身挺直,两眼睁大向前凝视,然后,两掌缓缓收回,贴拢于左右两侧胸肋部(见图9-14)。

7. 拔马刀

立正,两臂前平举,手呈排山掌状。首先右手上提至后脑,用掌心贴枕部抱头,手指轻轻压拉左耳,右腋张开,同时头向左转,左手则收回反手以手背贴于两肩胛间。吸气,同时用右手手指压拉左耳,头及右肘稍紧张,意念集中在右肘。呼气,放松,再右手放下,反手提起以手背贴在两肩间,同时左手收回提至后脑,用掌心贴枕部抱头,手指轻轻压拉右耳,左腋张开,头向右转(见图9-15)。吸气,同时用左手手指压拉右耳、头及左肘时稍紧张,意念集中在左肘;呼气,放松。

8. 三盘落地

左脚向左跨出一步,两脚开立,两脚距离比肩宽,两臂侧平举,掌心向下,两手收回,成预备姿势。首先两腿呈半蹲式,腰背与头部保持正直,两手屈时翻掌向上,下臂平举,如托重物状。稍停片刻,两手翻掌向下,小臂伸直,放松,如放下重物状,两腿再慢慢伸直,左脚收回,两足并拢,呈直立状(见图9-16)。

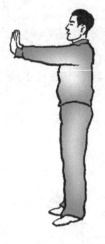
图9-14 出掌展臂

图9-15 拔马刀

图9-16 三盘落地

9. 左右伸拳

左手握拳,置于腰间,右手向左前方伸出,五指捏成勾手,上体左转;腰部自左至右转动,右手亦随之自左至右水平划圆,手划至前方时,上体前倾,同时呼气,划至身体左侧时,上体伸直,同时吸气(见图9-17)。

10. 猛虎扑食

右脚向前跨一大步,屈膝成右弓步,上体前倾,双手撑地,头微抬起,眼看前下方。吸气,同时两臂伸直,上体抬高,然后呼气,同时屈肘,胸部下落。随呼吸,两臂屈伸,上体起伏,作扑食状(见图9-18)。

11. 躬身

两腿开立,与肩同宽,两手用力合抱头后部,手指敲小脑后部片刻,配合呼吸做屈体动作,即吸气时身体挺起,呼气时俯身弯腰,头探于膝间作打躬状(见图9-19)。

图9-17 左右伸拳

图9-18 猛虎扑食

图9-19 躬身

12. 掉尾

两手提起,两掌向正前方推出,至两臂伸直为止,掌心向外。两手十字交叉,掌心向下,收回至胸前,两手分开。两掌向下推压,腰随掌向前弯曲,两腿保持挺直(见图9-20)。两掌尽量下推,头稍抬起,两眼睁大,向前凝视。伸腰起立,两手同时上提,分别向左、右屈伸手臂7次,两足顿地7次,结束全套练习。

本功法适宜于骨科及软组织损伤病人恢复期练习,对于神经衰弱、高血压、心血管病、关节炎等病亦有一定治疗作用。需要注意的是在练习易筋经时,要轻松乐观,心情舒畅。在练功前10分钟,要停止较剧烈的活动,诱导思想入静。练功地宜安静,空气新鲜,衣着要宽松舒适,不能紧腰、束胸,不能穿高跟鞋,在过饱、过饥时,均不可练功,练功前须排解大小便。凡高血压及动脉硬化较严重者禁做躬身及掉尾式动作。做各种姿势一定要细致认真,心、身、息结合。

图9-20 掉尾

附录　国家学生体质健康标准

《国家学生体质健康标准》的内涵是测量学生体质健康状况和锻炼效果的评价标准,是国家对不同年龄段学生体质健康方面的基本要求,是学生体质健康的个体评价标准。健康的概念包括身体健康、心理健康和社会适应。《国家学生体质健康标准》涵盖的是与学校体育密切相关的学生身体健康范畴。为了界定它的内涵,又避免与三维的健康概念混淆,故将"体质"作为"健康"的定语以示其内涵。

国家学生体质健康标准(2018 年)

一、说明

(1)《国家学生体质健康标准》(以下简称《标准》)是国家学校教育工作的基础性指导文件和教育质量基本标准,是评价学生综合素质、评估学校工作和衡量各地教育发展的重要依据,是《国家体育锻炼标准》在学校的具体实施,适用于全日制普通小学、初中、普通高中、中等职业学校、普通高等学校的学生。

(2)本《标准》的修订坚持健康第一,落实《国家中长期教育改革和发展规划纲要(2010 – 2020 年)》《国务院办公厅转发教育部等部门关于进一步加强学校体育工作若干意见的通知》(国办发〔2012〕53 号)和《教育部关于印发〈学生体质健康监测评价办法〉等三个文件的通知》(教体艺〔2014〕3 号)有关要求,着重提高《标准》应用的信度、效度和区分度,着重强化其教育激励、反馈调整和引导锻炼的功能,着重提高其教育监测和绩效评价的支撑能力。

(3)本《标准》从身体形态、身体机能和身体素质等方面综合评定学生的体质健康水平,是促进学生体质健康发展、激励学生积极进行身体锻炼的教育手段,是国家学生发展核心素养体系和学业质量标准的重要组成部分,是学生体质健康的个体评价标准。

(4)本《标准》将适用对象划分为以下组别:小学、初中、高中按每个年级为一组,其中小学为 6 组、初中为 3 组、高中为 3 组。大学一、二年级为一组,三、四年级为一组。

(5)小学、初中、高中、大学各组别的测试指标均为必测指标。其中,身体形态类中的身高、体重,身体机能类中的肺活量,以及身体素质类中的 50 米跑、坐位体前屈为各年级学生共性指标。

(6)本《标准》的学年总分由标准分与附加分之和构成,满分为 120 分。标准分由各单项指标得分与权重乘积之和组成,满分为 100 分。附加分根据实测成绩确定,即对成绩超过 100 分的加分指标进行加分,满分为 20 分;小学的加分指标为 1 分钟跳绳,加分幅度为 20 分;初中、高中和大学的加分指标为男生引体向上和 1000 米跑,女生 1 分钟仰卧起坐和 800 米跑,各指标加分幅度均为 10 分。

(7)根据学生学年总分评定等级:90.0 分及以上为优秀,80.0 ~ 89.9 分为良好,60.0 ~ 79.9 分为及格,59.9 分及以下为不及格。

(8)每个学生每学年评定一次,记入《〈国家学生体质健康标准〉登记卡》(附表 1 ~ 附表 6,本书略)。特殊学制的学校,在填写登记卡时可以按规定和需求相应地增减栏目。学生毕业时的成绩和等级,按毕业当年学年总分的50%与其他学年总分平均得分的50%之和进行评定。

（9）学生测试成绩评定达到良好及以上者,方可参加评优与评奖;成绩达到优秀者,方可获体育奖学分。测试成绩评定不及格者,在本学年度准予补测一次,补测仍不及格,则学年成绩评定为不及格。普通高中、中等职业学校和普通高等学校学生毕业时,《标准》测试的成绩达不到50分者按结业或肄业处理。

（10）学生因病或残疾可向学校提交暂缓或免予执行《标准》的申请,经医疗单位证明,体育教学部门核准,可暂缓或免予执行《标准》,并填写《免予执行〈国家学生体质健康标准〉申请表》（附表7,本书略）,存入学生档案。确实丧失运动能力、被免予执行《标准》的残疾学生,仍可参加评优与评奖,毕业时《标准》成绩需注明免测。

（11）各学校每学年开展覆盖本校各年级学生的《标准》测试工作,《标准》测试数据经当地教育行政部门按要求审核后,通过"中国学生体质健康网"上传至"国家学生体质健康标准数据管理系统"。测试和数据上传时间由教育行政部门确定。

（12）本标准由教育部负责解释。

说明：以下仅录入与大学阶段有关的内容。

二、单项指标与权重

附表1　单项指标与权重

测试对象	单项指标	权重/%
大学各年级	体重指数（BMI）	15
	肺活量	15
	50米跑	20
	坐位体前屈	10
	立定跳远	10
	引体向上（男）/1分钟仰卧起坐（女）	10
	1000米跑（男）/800米跑（女）	20

注：体重指数（BMI）＝体重（kg）/身高^2（m^2）。

三、评分表

附表2　男生各单项评分表

等级	单项得分	肺活量/ml		50米跑/s		坐位体前屈/cm		立定跳远/cm		引体向上/次		1000米/s	
		大一大二	大三大四	大一大二	大三大四	大一大二	大三大四	大一大二	大三大四	大一大二	大三大四	大一大二	大三大四
优秀	100	5040	5140	6.7	6.6	24.9	25.1	273	275	19	20	3′17″	3′15″
	95	4920	5020	6.8	6.7	23.1	23.3	268	270	18	19	3′22″	3′20″
	90	4800	4900	6.9	6.8	21.3	21.5	263	265	17	18	3′27″	3′25″

续附表 2

等级	单项得分	肺活量/ml		50米跑/s		坐位体前屈/cm		立定跳远/cm		引体向上/次		1000米/s	
		大一大二	大三大四	大一大二	大三大四	大一大二	大三大四	大一大二	大三大四	大一大二	大三大四	大一大二	大三大四
良好	85	4550	4650	7.0	6.9	19.5	19.9	256	258	16	17	3′34″	3′32″
	80	4300	4400	7.1	7.0	17.7	18.2	248	250	15	16	3′42″	3′40″
及格	78	4180	4280	7.3	7.2	16.3	16.8	244	246	—	—	3′47″	3′45″
	76	4060	4160	7.5	7.4	14.9	15.4	240	242	14	15	3′52″	3′50″
	74	3940	4040	7.7	7.6	13.5	14.0	236	238	—	—	3′57″	3′55″
	72	3820	3920	7.9	7.8	12.1	12.6	232	234	13	14	4′02″	4′00″
	70	3700	3800	8.1	8.0	10.7	11.2	228	230	—	—	4′07″	4′05″
	68	3580	3680	8.3	8.2	9.3	9.8	224	226	12	13	4′12″	4′10″
	66	3460	3560	8.5	8.4	7.9	8.4	220	222	—	—	4′17″	4′15″
	64	3340	3440	8.7	8.6	6.5	7.0	216	218	11	12	4′22″	4′20″
	62	3220	3320	8.9	8.8	5.1	5.6	212	214	—	—	4′27″	4′25″
	60	3100	3200	9.1	9.0	3.7	4.2	208	210	10	11	4′32″	4′30″
不及格	50	2940	3030	9.3	9.2	2.7	3.2	203	205	9	10	4′52″	4′50″
	40	2780	2860	9.5	9.4	1.7	2.2	198	200	8	9	5′12″	5′10″
	30	2620	2690	9.7	9.6	0.7	1.2	193	195	7	8	5′32″	5′30″
	20	2460	2520	9.9	9.8	−0.3	0.2	188	190	6	7	5′52″	5′50″
	10	2300	2350	10.1	10.0	−1.3	−0.8	183	185	5	6	6′12″	6′10″

附表 3　女生各单项评分表

等级	单项得分	肺活量/ml		50米跑/s		坐位体前屈/cm		立定跳远/cm		一分钟仰卧起坐/次		800米/s	
		大一大二	大三大四	大一大二	大三大四	大一大二	大三大四	大一大二	大三大四	大一大二	大三大四	大一大二	大三大四
优秀	100	3400	3450	7.5	7.4	25.8	26.3	207	208	56	57	3′18″	3′16″
	95	3350	3400	7.6	7.5	24.0	24.4	201	202	54	55	3′24″	3′22″
	90	3300	3350	7.7	7.6	22.2	22.4	195	196	52	53	3′30″	3′28″
良好	85	3150	3200	8.0	7.9	20.6	21.0	188	189	49	50	3′37″	3′35″
	80	3000	3050	8.3	8.2	19.0	19.5	181	182	46	47	3′44″	3′42″

续附表3

等级	单项得分	肺活量/ml		50米跑/s		坐位体前屈/cm		立定跳远/cm		一分钟仰卧起坐/次		800米/s	
		大一大二	大三大四	大一大二	大三大四	大一大二	大三大四	大一大二	大三大四	大一大二	大三大四	大一大二	大三大四
及格	78	2900	2950	8.5	8.4	17.7	18.2	178	179	44	45	3′49″	3′47″
	76	2800	2850	8.7	8.6	16.4	16.9	175	176	42	43	3′54″	3′52″
	74	2700	2750	8.9	8.8	15.1	15.6	172	173	40	41	3′59″	3′57″
	72	2600	2650	9.1	9.0	13.8	14.3	169	170	38	39	4′04″	4′02″
	70	2500	2550	9.3	9.2	12.5	13.0	166	167	36	37	4′09″	4′07″
	68	2400	2450	9.5	9.4	11.2	11.7	163	164	34	35	4′14″	4′12″
	66	2300	2350	9.7	9.6	9.9	10.4	160	161	32	33	4′19″	4′17″
	64	2200	2250	9.9	9.8	8.6	9.1	157	158	30	31	4′24″	4′22″
	62	2100	2150	10.1	10.0	7.3	7.8	154	155	28	29	4′29″	4′27″
	60	2000	2050	10.3	10.2	6.0	6.5	151	152	26	27	4′34″	4′32″
不及格	50	1960	2010	10.5	10.4	5.2	5.7	146	147	24	25	4′44″	4′42″
	40	1920	1970	10.7	10.6	4.4	4.9	141	142	22	23	4′54″	4′52″
	30	1880	1930	10.9	10.8	3.6	4.1	136	137	20	21	5′04″	5′02″
	20	1840	1890	11.1	11.0	2.8	3.3	131	132	18	19	5′14″	5′12″
	10	1800	1850	11.3	11.2	2.0	2.5	126	127	16	17	5′24″	5′22″

附表4 体重指数(BMI)单项评分表

单位:kg/m²

等级	单项得分	大学男生	大学女生
正常	100	17.9~23.9	17.2~23.9
低体重	80	≤17.8	≤17.1
超重		24.0~27.9	24.0~27.9
肥胖	60	≥28.0	≥28.0

参考文献

[1] 王步标,华明.运动生理学[M].北京:高等教育出版社,2006.
[2] 屈清华.大学体育与健康[M].西安:西安交通大学出版社,2020.
[3] 张立军,靳梅媚.高职体育与健康[M].北京:北京体育大学出版社,2016.
[4] 徐苏州,张徽徽.现代大学体育教程[M].长沙:湖南师范大学出版社,2020.
[5] 孙洪涛.大学体育教程[M].北京:教育科学出版社,2011.